STATISTISCH GESEHEN

KLEMENS HIMPELE

STATISTISCH GESEHEN

ECHTE ZAHLEN
STATT
HALBER WAHRHEITEN
AUS ÖSTERREICH UND DEUTSCHLAND

ecoWIN

1. Auflage
© 2020 Ecowin Verlag bei Benevento Publishing Salzburg – München,
eine Marke der Red Bull Media House GmbH, Wals bei Salzburg

Medieninhaber, Verleger und Herausgeber:
Red Bull Media House GmbH
Oberst-Lepperdinger-Straße 11–15
5071 Wals bei Salzburg, Österreich

Satz: MEDIA DESIGN: RIZNER.AT
Umschlaggestaltung: Hauptmann & Kompanie Werbeagentur, Zürich
Printed by CPI Books GmbH, Germany
ISBN 978-3-7110-0249-5

INHALT

VORBEMERKUNGEN

Der Storch bringt die Kinder. Ich nehme an, das wissen Sie. Wenn Sie mir das nicht glauben wollen – kein Problem: Ich kann Ihnen das beweisen. Oder genauer Robert Matthews, der hat sich die Daten von Brutpaaren bei Störchen und der Geburten von Menschen in 17 europäischen Ländern angesehen und siehe da – je mehr Brutpaare, desto mehr Geburten.

Störche und Kinder wurden immer wieder als Beispiel herangezogen, um zu zeigen, dass eine schlichte Korrelation noch lange nicht auf einen kausalen Zusammenhang hinweisen muss. Zwar lassen sich aus den Geburtsstatistiken von Ländern mit mehr Storchenpaaren auch mehr Geburten entnehmen – eine Korrelation liegt also vor. Wenn Sie aufgrund dieser Zeilen aber die Verhütungsmittel absetzen wollen, sollten Sie weiterlesen: Es gibt nämlich keine Kausalität, das Mehr an Storchenpaaren ist nicht verantwortlich für das Mehr an Kindern. Die Ursache für den statistischen Zusammenhang liegt in etwas anderem, nämlich einer gemeinsamen Erklärung für Geburten und Storchenanzahl. Diese Drittvariable ist im Beispiel von Matthews die Landfläche. Das ist an sich trivial: größere Länder, mehr Menschen, mehr Störche, mehr Geburten. In Deutschland gab es 2015 mehr Störche (6152 Brutpaare) als in Österreich (384 Brutpaare) – und auch mehr Geburten (nämlich 737575 in Deutschland und 84381 in Österreich). Aber eben auch mehr Einwohnerinnen und Einwohner, mehr Bäume und mehr Ackerfläche – sprich: Deutschland ist einfach größer – sowohl in der Fläche als auch von der Bevölkerungszahl her.

Nun kann man dieses Beispiel weitertreiben, wie Raphael Diepgen zeigt. Indem die Anzahl der Störche in Relation zur Größe des Landes gesetzt wird, kann eine Storchendichte berechnet werden. Diesen Wert könnte man dann etwa als »Ländlichkeit« interpretieren – also weniger urbane Zentren und mehr Ackerflächen für Störche. Was wir jedenfalls gesichert wissen: Der Storch bringt nicht die Kinder. Mit 220 Kindern pro Jahr und Storchenpaar (wie derzeit in Österreich) wäre das vielleicht auch etwas viel Arbeit für die armen Störche ...

Um ein noch offensichtlicheres Beispiel zu nehmen, auf das Matthews ebenfalls verweist: Die Lesefähigkeit steigt mit der Schuhgröße. Glauben Sie nicht? Ich konnte mit zwei Jahren gar nicht lesen und hatte sehr kleine Füße. Als diese wuchsen, wurde das mit dem Lesen immer besser, heute mit Schuhgröße 46 funktioniert das wirklich ausgezeichnet. Testen Sie es bei sich selbst – es funktioniert!

Okay, der Grund ist natürlich nicht die Schuhgröße, sondern dass Menschen mit dem Älterwerden wachsen und auch lesen lernen. Die erklärende Variable ist demnach das Alter, nicht die Schuhgröße. Dennoch: Eine statistische Korrelation lässt sich herstellen – eine Kausalität natürlich nicht.

Es lassen sich weitere Beispiele anführen, warum mit Daten sorgsam umgegangen werden sollte: Alle, die mit Jeff Bezos, dem Gründer von Amazon und einem der reichsten Menschen der Welt, gemeinsam in der Schulklasse waren, sind im Durchschnitt Millionäre. Das ist ein klassisches Beispiel dafür, dass Ausreißer nach oben den Durchschnitt stark verändern können. Der Durchschnitt ist zwar sehr aussagekräftig, aber eben auch gefährlich. Daher werden hier oft robustere Maße wie der Median verwendet, auf die ich im Laufe des Buches etwas eingehen werde.

Fake-News-Prävention

Schon in der Schule wird vielen abgewöhnt, sich ernsthaft für Mathematik oder Statistik zu interessieren. Das Thema gilt als spröde, irgendwie befassen sich nur ein paar Nerds damit, und es scheint alles furchtbar kompliziert. Stattdessen gibt es ein gehöriges Misstrauen, das oft in der Aussage gipfelt, man möge doch keiner Statistik glauben, die man nicht selbst gefälscht habe. Dieses Zitat stammt übrigens nicht, wie oft behauptet, von Winston Churchill – die Herkunft ist nicht geklärt.

Sie sollten sich damit nicht zufriedengeben, denn Statistik ist ein wunderbares Instrument – und sie ist eine wichtige Basis des demokratischen Diskurses. Natürlich, es gibt komplizierte Messkonzepte und ausgefeilte statistische Methoden, aber die meisten Statistiken sind ein Zählen, Aufschreiben und Sortieren von Daten. Diese Daten sind zudem in Deutschland und Österreich über die jeweiligen statistischen Ämter beziehungsweise bei der europäischen Statistikbehörde Eurostat leicht abrufbar. Auch die Bundesländer haben teilweise gut aufbereitete Daten im Internet bereitgestellt. Diese Daten haben eine hohe Qualität und unterliegen Kontrollen, zudem werden die Messkonzepte immer wieder dem neuesten Stand der Wissenschaft angepasst. Damit wird die Grundlage für einen demokratischen Diskurs erst geschaffen, denn auf Basis der Daten können dann politische Konzepte diskutiert und bewertet werden. Die Schlussfolgerungen und politischen Forderungen können sich stark unterscheiden – in der Datengrundlage sollte aber Einigkeit bestehen. Statistik ist damit Fake-News-Prävention.

Wie leicht heute mit falschen Zahlen Stimmung gemacht wird, hat der ehemalige Verkehrsminister Norbert Hofer am 13. Januar 2019 in einem Interview mit der ZIB 2 gezeigt: 30 000 Tschetschenen würden Mindestsicherung in Wien beziehen, sagte er. Nun ist dieses Beispiel schon relativ komplex, da es keine tschetschenische Staatsbürgerschaft gibt. Tschetschenien ist eine autonome Republik in Russland, deren Bewohnerinnen und Bewohner die russische Staatsbürgerschaft haben. Am 1. Januar 2019 lebten in ganz Österreich 32 576 russische Staatsbürgerinnen und Staatsbürger. Wie viele davon aus Tschetschenien sind, ist nicht bekannt – es wird zwar davon ausgegangen, dass ihr Anteil an den russischen Staatsbürgerinnen und Staatsbürgern in Österreich relativ hoch ist, aber: In Wien leben überhaupt nur 15 872 Menschen mit einem Pass der Russischen Föderation. Allein der Blick in die Bevölkerungsstatistik zeigt also, dass die Angabe von Norbert Hofer nicht stimmen kann. Selbst wenn alle Tschetschenen in der Mindestsicherung sind (was nicht anzunehmen ist) und alle russischen Staatsbürger in Wien aus Tschetschenien stammen (was sicher nicht stimmt), ist die Zahl Hofers deutlich zu hoch gegriffen und damit falsch. Völlig unabhängig davon ist dann die Frage zu diskutieren, ob man den politischen Ableitungen von Norbert Hofer zustimmt oder nicht.

Der Zwerg wächst schneller als der Riese
Die Salzburger Nachrichten druckten am 6. Februar 2018 auf der Titelseite folgende Schlagzeile: »Salzburg überholt Wien bei den Investitionen aus dem Ausland«. Nun war der Zeitung schlicht ein – nicht untypischer und daher exemplarisch verwendbarer – Datenfehler unterlaufen. Vorweg: Salzburg (und auch Wien) hatte durchaus beachtliche Entwicklungen. Aber: Die Auslandsinvestitionen in Wien beliefen sich auf 88,4 Milliarden Euro, die in Salzburg auf 10,9 Milliarden Euro. Salzburg überholt Wien? Auch bei den absoluten Zuwächsen war Wien klar vorne: +27 Milliarden Euro zwischen 2010 und 2015, in Salzburg betrug der Zuwachs knapp 6 Milliarden Euro. In Prozent war Salzburg damit schneller gewachsen als Wien: +121 Prozent in 5 Jahren gegenüber +44 Prozent. Korrekt hätte

es also heißen müssen: »Investitionen aus dem Ausland wuchsen in Salzburg schneller als in Wien« oder einfach nur: »Salzburg: starkes Wachstum bei Investitionen aus dem Ausland«.

Was wir daraus lernen? Bestand und Wachstum sind etwas Unterschiedliches, relative und absolute Zahlen auch. Denn nur weil ein Kind schneller wächst als seine Eltern, ist es (noch) lange nicht größer.

Das hätte ich nicht gedacht …

Das vorliegende Buch ist der Versuch, zu möglichst vielen Lebensbereichen Daten zusammenzutragen und unterhaltsam zu präsentieren. Ich bin beruflich als Leiter der Magistratsabteilung Wirtschaft, Arbeit und Statistik der Stadt Wien täglich mit Daten befasst, und dennoch war auch ich überrascht bei manchen Informationen. Wenn Sie am Ende des Buches mehr wissen als zu Beginn, wenn vielleicht sogar die ein oder andere falsche Vorstellung korrigiert wurde und wenn Sie beim Lesen auch noch Spaß hatten, dann hat das Buch seinen Zweck erfüllt.

Das Buch ist in drei Teile gegliedert: Zunächst betrachten wir Piefke und Ösis beziehungsweise Deutschland und Österreich: die Bevölkerungsentwicklung, die Wirtschaft, die »lieben Nachbarn« und natürlich den Wintersport. Wir vergleichen aber auch die Millionenstädte Berlin, Wien, Hamburg, München und Köln miteinander. Im zweiten Teil begeben wir uns auf eine Reise durch Österreich, lernen viel über den »Kreislauf des Lebens« zwischen Geburt, Hochzeit, Scheidung und Tod, aber auch über die Religiosität, Gurken und Kulturheidelbeeren, die größte Gemeinde Österreichs – nämlich Sölden in Tirol. Und über die Treibhausgasemissionen der Bundesländer. Schließlich geht es im dritten Teil exemplarisch um Wien und seine Geschichte: Wie ist Wien Metropole geworden, woran sind wir früher gestorben, woran sterben wir heute, wer wohnt heute in der Bundeshauptstadt? Wir enden – wie kann es anders sein – auf dem Zentralfriedhof.

Wie immer gilt: Trotz aller Sorgfalt können Fehler passieren – dafür entschuldige ich mich schon jetzt. Die Daten sind aber alle frei zugänglich und nachprüfbar. Vielleicht haben Sie ja Lust bekommen, auf den Seiten des Statistischen Bundesamtes in Deutschland oder bei der Statistik Austria etwas zu stöbern. In den Quellenangaben finden Sie zudem weiterführende Informationen.

TEIL I - PIEFKE UND ÖSIS

WAS VERBINDET MEHR ALS CÓRDOBA?

Auf einer Dienstreise nach Tirol habe ich in einem Gasthaus eine Melange bestellt, nicht ahnend, dass in Tirol Cappuccino gebräuchlich ist. Die darauffolgende Schimpftirade der Kellnerin ließ mich zwar mangels Kenntnissen des Tirolerischen etwas ratlos zurück, zwei Dinge aber hatte ich verstanden: Sie hatte ein – sagen wir – angespanntes Verhältnis zu Wienern, und sie hielt mich für einen Wiener. Was ich als Integrationserfolg hätte verbuchen können, war also keiner: In Tirol, so scheint mir, mag man Wiener noch weniger als die »Piefke«.

Die Beziehungen zwischen Deutschen und Österreichern sind vielfältig: Man zieht sich wechselseitig auf, man heiratet einander, man spricht irgendwie dieselbe Sprache und versteht sich doch nicht immer. »Scheibtruhe« musste ich googeln.

Insbesondere der Blick aus Österreich nach Deutschland ist oft von einer Art »Kleiner-Bruder-Komplex« geprägt. Das wird dann künstlerisch verarbeitet (»Die Piefke-Saga«), oder man beruft sich auf vereinzelte sportliche Erfolge im Fußball. Solange in Österreich von »Córdoba« geschrieben wird – jenem Sieg der Österreicher gegen die deutsche Nationalmannschaft bei der Fußballweltmeisterschaft 1978 in Argentinien –, kann man sich sicher sein, dass aktuell keine Erfolge zu feiern sind. Umgekehrt sehen viele Deutsche den Nachbarn vor allem als Urlaubsziel mit etwas provinziellen Einwohnerinnen und Einwohnern, aber schönen Landschaften, steilen Skipisten und einer wunderschönen Hauptstadt. Córdoba ist weitgehend unbekannt, und sportlich wird Österreich vor allem im Winter wahrgenommen.

Ich bin also einer der 192 426 Deutschen, die am 1. Januar 2019 in Österreich lebten. Es gibt fast so viele Deutsche in Österreich, wie Menschen in Linz wohnen. Oder in Kassel. Was liegt also näher, als die beiden Nachbarn zu vergleichen? Dabei gibt es natürlich viele Gemeinsamkeiten und ähnliche Entwicklungen, aber doch auch überraschende Unterschiede. Deutschland beispielsweise ist demografisch älter, Österreich hat eine sehr leistungsfähige Wirtschaft. Und wie ist das jetzt mit dem Wintersport?

Altes Deutschland, buntes Österreich – eine Annäherung

Die »durchschnittliche« Deutsche heißt Ursula[1], ist 45,8 Jahre alt, wohnt in Nordrhein-Westfalen und arbeitet im Gesundheits- und Sozialwesen.[2] Sie ist mit 88,7 Prozent Wahrscheinlichkeit deutsche Staatsbürgerin. Ihr Bruttolohn lag 2017 um 21,0 Prozent niedriger als der eines Mannes in Deutschland, was verschiedene Ursachen hat (Branche, Arbeitszeit, Gender Pay Gap). Dieser heißt Peter, ist 43,1 Jahre alt und mit 86,9 Prozent Wahrscheinlichkeit deutscher Staatsbürger. Peter wohnt ebenfalls in Nordrhein-Westfalen und arbeitet im verarbeitenden Gewerbe. Wenn Peter und Ursula im Jahr 2018 ein Kind bekommen haben, dann haben sie ein Mädchen Emma und einen Buben Ben genannt, vielleicht auch Mia oder Hanna(h) beziehungsweise Paul oder Leon.

Die durchschnittliche Österreicherin hingegen heißt Julia[3], ist 44,0 Jahre alt und mit 84,4 Prozent Wahrscheinlichkeit österreichische Staatsbürgerin. Sie wohnt in Wien, arbeitet im öffentlichen Dienst[4] und verdient brutto 19,9 Prozent weniger als Männer. Der typische Mann in Österreich heißt Michael, ist 41,5 Jahre alt und wohnt ebenfalls in Wien. Er ist mit 83,1 Prozent Wahrscheinlichkeit österreichischer Staatsbürger und arbeitet in der Herstellung von Waren. Wenn Julia und Michael 2017 ein Kind bekommen haben, dann haben sie es Anna beziehungsweise Maximilian oder auch Emma oder Marie beziehungsweise Paul oder David genannt.

Immerhin: Emma und Paul tauchen in Deutschland und Österreich bei den beliebtesten Vornamen auf.

Aus dieser – zugegeben sehr verkürzten – Darstellung lassen sich schon wesentliche demografische Erkenntnisse ablesen: Deutsche sind älter, und der Ausländeranteil ist in Österreich höher. Das Wichtigste – jedenfalls für manche Debatten – ist aber: Deutschland ist deutlich größer. Mit Nordrhein-Westfalen, Bayern und Baden-Württemberg gibt es allein drei Bundesländer, die jeweils mehr Einwohnerinnen und Einwohner haben als ganz Österreich. Aber: Kein deutsches Bundesland ist flächenmäßig größer als die Alpenrepublik.

Der Faktor zehn

In Österreich hält sich hartnäckig die Faustregel, dass Deutschland um den Faktor zehn größer sei. Nun, Deutschland hat eine Fläche von gut 357 578 Quadratkilometern, Österreich von rund 83 879 Quadratkilometern. Deutschland ist also flächenmäßig gut viermal so groß wie Österreich. Bei den Einwohnerinnen und Einwohnern ist der Faktor gegenwärtig 9,4: Deutschland hat am 1. Januar 2019 exakt 83 019 213 Einwohnerinnen und Einwohner, Österreich zum gleichen Zeitpunkt 8 858 775. Der Faktor zehn stimmt also nicht ganz – er ist aber dennoch nicht falsch, sondern schlicht veraltet.

Seit der deutschen Wiedervereinigung 1990 war dieser Faktor zehn zunächst näherungsweise richtig, im Jahr 2005 war er dann wirklich korrekt: Damals hatte Deutschland zehnmal mehr Einwohner als Österreich. Daher ist es eine zulässige Näherung gewesen, alles mit dem Faktor zehn zu multiplizieren, um es zu vergleichen: BIP, Budget, Staatsschulden,

Anzahl der SchulabbrecherInnen, Fußballweltmeistertitel (okay, die nicht[5]) etc. Mit dieser Rechnung hat man überschlagsmäßig die Werte auf die jeweilige Bevölkerungszahl bezogen und so vergleichbar gemacht. In den vergangenen Jahren ist Österreichs Bevölkerung allerdings erheblich schneller gewachsen als die deutsche. Warum das so war, und wie sich das erklärt, wollen wir uns im Folgenden etwas genauer anschauen.

Geburten und Sterbefälle
Wir starten unsere Betrachtung mit dem Beitritt Österreichs zur Europäischen Union im Jahr 1995. Zwischen 1996[6] und 2019 ist die Bevölkerung in Deutschland lediglich um 1,5 Prozent gewachsen, in Österreich gab es im gleichen Zeitraum ein Plus von 11,4 Prozent. Das ist bemerkenswert, und das hätten viele vermutlich so nicht erwartet.

Was sind nun die Gründe für das Bevölkerungswachstum eines Landes? Es sind Geburten, Sterbefälle, Zu- und Abwanderung, oder technischer ausgedrückt: die natürliche Bevölkerungsbewegung und die räumliche Bevölkerungsbewegung. Die natürliche Bevölkerungsbewegung beschreibt die Geburten und Sterbefälle in einem Zeitraum, wobei für die Bevölkerungsentwicklung der Saldo entscheidend ist. Wenn es mehr Geburten als Sterbefälle in einem Jahr gibt, dann ist die Geburtenbilanz positiv. Gibt es mehr Sterbefälle als Geburten, dann ist die Geburtenbilanz negativ. Auch eine ausgeglichene Geburtenbilanz ist möglich, wenn in einem Jahr exakt gleich viele Menschen sterben, wie geboren werden.

Die räumliche Bevölkerungsbewegung umfasst die Zu- und Abwanderungen. Gibt es in einem Jahr mehr Zuwanderungen als Abwanderungen, dann ist die Wanderungsbilanz positiv, andernfalls negativ – oder im sehr seltenen Fall, dass gleich viele Menschen kommen wie gehen: ausgeglichen.

Warum ist die Einwohnerzahl in Österreich in den vergangenen gut 20 Jahren nun so viel stärker gewachsen als in Deutschland? Es sind zwei Komponenten, in denen sich die Länder unterscheiden. So hat Österreich eine positive Geburtenbilanz, Deutschland hingegen eine negative. In Österreich gab es also mehr Geburten als Sterbefälle, in Deutschland war es umgekehrt. Den Grund dafür kennen wir auch schon, haben wir bei unseren »statistischen Paaren« Ursula, Peter, Julia und Michael doch bereits gesehen, dass die Deutschen älter sind als die ÖsterreicherInnen – im Durchschnitt. Diese Daten kann man sich dann noch genauer ansehen, was sich aber bereits an dieser Stelle sagen lässt: Damit hat Deutschland relativ weniger potenzielle Mütter, also Frauen im »gebärfähigen« Alter. Gleichzeitig hat die Bundesrepublik aber mehr Menschen im »Hauptsterbealter« (ja, Demografie kann etwas zynisch klingen), also Menschen, die aufgrund ihres Alters mit höherer Wahrscheinlichkeit sterben. Der Unterschied liegt also nicht in gravierend unterschiedlichen Fertilitätsraten[7] oder Lebenserwartungen, sondern nur in der Altersstruktur der Bevölkerung begründet.

Natürliche Bevölkerungsbewegung 1996–2018		
	Deutschland	Österreich
Lebendgeborene 1996–2018	16 701 364	1 848 791
Gestorbene 1996–2018	19 867 284	1 794 392
Saldo	**–3 165 920**	**54 399**

Quellen: Statistisches Bundesamt Deutschland; Statistik Austria

Die Fertilitätsrate in Deutschland ist – wie in westlichen Ländern allgemein – seit den 1970er-Jahren deutlich gefallen. 1995 lag sie schließlich bei unter 1,3 Kindern je Frau, was auch mit dem Einbruch der Geburten in den neuen Bundesländern nach der deutschen Wiedervereinigung zusammenhängt: Der Nachwendeschock führte dazu, dass die Fertilitätsrate in Ostdeutschland bis 1995 auf unter ein Kind je Frau absank. Rechnerisch muss jede Frau etwas über zwei Kinder[8] bekommen, damit sich die Bevölkerung zahlenmäßig erhält. Davon war und ist Deutschland weit entfernt, zumal die damals nicht geborenen Kinder heute als potenzielle Eltern fehlen. Im Jahr 2018 lag die Fertilitätsrate in Deutschland nach einem Anstieg seit Mitte der 1990er-Jahre wieder bei 1,57 Kindern je Frau.

Auch in Österreich ist die Fertilitätsrate in den vergangenen Jahren wieder angestiegen, liegt mit 1,48 im Jahr 2018 aber unter dem deutschen Wert. 1995 lag die Gesamtfertilitätsrate bei 1,42 und pendelte meist um den Wert von 1,4 Kindern je Frau. Sie sank demnach nie so stark ab wie in Deutschland.

Man sieht, dass es in Österreich etwas mehr Geburten gab, als es im Größenvergleich mit Deutschland zu erwarten wäre, was am größeren Anteil der Frauen im gebärfähigen Alter liegt.

Die Hauptursache der unterschiedlichen natürlichen Bevölkerungsbewegung in Deutschland und Österreich sind dabei nicht die Geburten, sondern die höheren Sterbezahlen in Deutschland. Die Lebenserwartung ist in beiden Ländern sehr ähnlich – sie liegt in Österreich etwas über Deutschland – und ist demnach nicht die Ursache für die unterschiedliche Häufigkeit von Sterbefällen. Auch die höheren Sterbezahlen in Deutschland liegen in der Altersverteilung begründet: Deutschland ist schlicht älter, was die Wahrscheinlichkeit von Sterbefällen erhöht.

Die Altersverteilungen unterscheiden sich auch derzeit deutlich: Während in Deutschland 21,5 Prozent der Bevölkerung 65 Jahre und älter sind (und 6,5 Prozent bereits über 80 Jahre alt sind), betragen diese Werte für Österreich lediglich 18,8 respektive 5,0 Prozent. Gleichzeitig ist in Österreich ein etwas größerer Anteil der Bevölkerung zwischen 20 und 39 Jahre, im besten Alter also, um Kinder zu bekommen.

Kurz gesagt: Wer älter ist, hat eine höhere Wahrscheinlichkeit zu sterben. Die Wahrscheinlichkeit, dass noch Kinder kommen, sinkt hingegen mit zunehmendem Alter.

Die unterschiedliche Altersverteilung hat natürlich spezifische nationale Ursachen wie etwa der Geburtenrückgang nach der Wiedervereinigung in Deutschland, sie ist aber auch in der Zuwanderung begründet.

Migration
Menschen, die in ein anderes Land wandern, sind in aller Regel jung, auch wenn die Ursachen (Ausbildung, Arbeit, Flucht, persönliche Gründe wie die Liebe) sehr verschieden sein können. Wir haben bei Ursula, Peter, Julia und Michael bereits gesehen: Österreich ist internationaler – eben auch ein Grund dafür, warum Österreich jünger ist.

Räumliche Bevölkerungsbewegung 1996–2018		
	Deutschland	Österreich
Zuwanderung 1996–2018	23 756 972	2 737 326
Abwanderung 1996–2018	17 949 157	1 928 880
Saldo	**5 807 815**	**808 446**

Quellen: Statistisches Bundesamt Deutschland; Statistik Austria

Österreich hatte in den vergangenen Jahren vor allem eine starke Zuwanderung aus Deutschland und aus dem osteuropäischen Raum zu verbuchen. Hinzu kommen in beiden Ländern die Flüchtlinge aus Syrien, Afghanistan und dem Irak. Insgesamt sieht man jedoch eine bedeutend höhere Dynamik in Österreich, sowohl in der Zuwanderung, aber auch in der Abwanderung und schließlich im Saldo.

Bevölkerungsentwicklung nach Komponenten 1996–2018	Deutschland	Österreich
EinwohnerInnen 1.1.1996	**81 817 499**	**7 953 067**
Wanderungsbilanz 1996–2018	5 807 815	808 446
Geburtenbilanz 1996–2018	−3 165 920	54 399
Statistische Korrektur	−1 440 181	42 863
EinwohnerInnen 31.12.2018	**83 019 213**	**8 858 775**
Veränderung 1996–2018	**1,5 %**	**11,4 %**

Quellen: Statistisches Bundesamt Deutschland, Statistik Austria

Neben der Geburten- und der Wanderungsbilanz ist in der Tabelle auch eine statistische Korrektur zu sehen, die vor allem für Deutschland relevant ist. Grund waren laut Auskunft des Statistischen Bundesamtes einerseits die Einführung der Steueridentifikationsnummer und damit einhergehende Bereinigungen des Melderegisters in den Jahren 2008 bis 2010 sowie andererseits der Zensus 2011 (Registerzählung)[9]. In Österreich gab es mit dem Zensus 2011 ebenfalls Korrekturen, die aber deutlich geringer ausgefallen sind. Erstens hat Österreich ein Zentrales Melderegister, Deutschland nicht. Und zweitens gab es in Österreich regelmäßige Volkszählungen (zuletzt 2001). In Westdeutschland fand die letzte Volkszählung hingegen 1987 – also vor der Wiedervereinigung – statt. Sie war von erheblichen Protesten und gerichtlichen Auseinandersetzungen begleitet, da viele Menschen ihre Daten nicht preisgeben wollten, und blieb daher erst einmal die letzte. Angesichts der Daten, die heute freiwillig an diverse Internetplattformen gegeben werden, ist das ein Treppenwitz der Geschichte.

Fassen wir das noch einmal kurz zusammen: Deutschland sieht gegenüber Österreich ziemlich alt aus. Das Durchschnittsalter in Österreich beträgt 42,8, in Deutschland 44,4 Jahre. Das erscheint relativ wenig, ist für einen Durchschnittswert aber nicht unerheblich. Einerseits sind die Geburten in Deutschland im Zuge der Wiedervereinigung insbesondere in Ostdeutschland stark zurückgegangen, wenngleich die Fertilitätsrate heute in Deutschland und Österreich auf einem vergleichbaren Niveau liegt. Andererseits hat die deutlich stärkere Wanderungsdynamik Österreich gegenüber dem großen Nachbarn verjüngt. Die Konsequenz daraus ist, dass Österreich mehr Frauen im Hauptgebäralter hat – mehr (potenzielle) Mütter sorgen für mehr Geburten. Zusätzlich sterben ältere Menschen mit einer höheren Wahrscheinlichkeit als junge, sodass die Altersstruktur zu einer höheren Sterbezahl in Deutschland führt. Die Lebenserwartung ist dabei auf einem sehr ähnlichen Niveau. In Summe bedeutet dies: Österreich wächst schneller als Deutschland, den Faktor zehn haben wir hinter uns gelassen, der Faktor neun ist bereits greifbar.

Piefke in den Bergen und Ösis auf dem platten Land
Über Gäste freut man sich in Österreich sehr. Und hier spielen die Deutschen eine zentrale Rolle. Im Jahr 2018 gab es insgesamt 149 819 382 touristische Übernachtungen. Die meisten davon – noch vor den heimischen Österreicherinnen und Österreichern (26,3 Prozent) – stammten von Menschen mit Wohnsitz in Deutschland. 56,3 Millionen Nächte (37,6 Prozent aller Nächtigungen) entfielen auf Gäste aus Deutschland, dabei verzeichneten sie knapp 14,1 Millionen Ankünfte und blieben im Durchschnitt vier Nächte da. Die Deutschen sind für den österreichischen Tourismus also von enormer Bedeutung. Das verteilt sich allerdings nicht auf alle Bundesländer gleich: Während die nördlichen Nachbarn in Vorarlberg (58,2 Prozent) und Tirol (52,3 Prozent) für über die Hälfte der Nächtigungen verantwortlich sind, sind es in Niederösterreich lediglich 11,8 und

im Burgenland 12,7 Prozent. Die Wachau haben die Deutschen also noch nicht en masse entdeckt – man kann dort allerdings auch nicht Ski oder Schi fahren.

Umgekehrt ist die Bedeutung der Österreicher im Tourismus in Deutschland eher überschaubar: Von den 477 998 027 Nächtigungen im Jahr 2018 entfielen gerade einmal 0,9 Prozent auf in Österreich gemeldete Gäste. Man kann diesen Zahlen auch entnehmen, dass der Tourismus als Wirtschaftszweig in Österreich weit bedeutender ist als in Deutschland – denn die Nächtigungszahlen sind in Deutschland lediglich etwa dreimal so hoch wie in Österreich, und eben nicht um den »Faktor 9,4« höher.

Touristinnen und Touristen haben die Eigenschaft, nach einigen Tagen wieder die Rückreise anzutreten. Anders ist es bei Menschen, die dauerhaft in ein anderes Land übersiedeln, eine Möglichkeit, von der vor allem innerhalb der Europäischen Union immer mehr Gebrauch gemacht wird.

Derzeit wohnen nach Daten der Statistik Austria 192 426 deutsche Staatsbürgerinnen und Staatsbürger in Österreich. Die Daten reichen nur bis 2002 zurück, seit damals hat sich die Zahl aber beachtlich (und kontinuierlich) von 75 262 mehr als verdoppelt. In dieser Zeit hat sich auch die Anzahl der Studierenden aus Deutschland an öffentlichen österreichischen Hochschulen deutlich erhöht – von 4 569 im Wintersemester 2003 / 04 auf 18 335 im Wintersemester 2017 / 18. Allerdings gab es bereits Semester mit über 19 000 deutschen Studierenden, der Zenit ist also vielleicht schon überschritten.

Ein Teil dieser Studierenden sind vermutlich sogenannte »Numerus-clausus-Flüchtlinge«, also Studierende, die nur deshalb nach Österreich gekommen sind, weil sie in Deutschland den gewünschten Studienplatz aufgrund ihrer Abiturnote nicht erhalten haben. Das ist deshalb ein ökonomisches Problem, weil diese Menschen nicht nach Österreich kommen, um hierzubleiben. Sie vermuten in Österreich die gleiche Sprache (bis sie in Tirol eine Melange bestellen), was ein Studium machbar erscheinen lässt. Die Studienplätze kosten Geld, das Deutschland nicht bereitstellen will. Da viele der Studierenden wieder zurück in ihr Heimatland gehen, fließt die Bildungsrendite zurück nach Deutschland – es sei denn, der Traumjob oder die Liebe kommen dazwischen. Österreich muss somit ein Versagen des deutschen Bildungssystems auffangen, da die Bundesrepublik die ausreichende Anzahl an Studienplätzen nicht anbietet. Um nicht missverstanden zu werden: Studentische Mobilität ist notwendig und sinnvoll und wird zurecht stark gefördert. Sie muss aber freiwillig sein und nicht notgedrungen.

In der öffentlichen Debatte wurde den »NC-Flüchtlingen« aus dieser Problemlage heraus eine relativ große Aufmerksamkeit geschenkt. Der größte Teil der in Österreich lebenden Deutschen sind aber keine Studierenden, sondern sie arbeiten hier. Die gute wirtschaftliche Entwicklung Österreichs ist für die Attraktivität des Landes wesentlich verantwortlich, dazu später mehr.

Die meisten Deutschen – nämlich 47 139 – wohnen übrigens in Wien, den höchsten Anteil an der Bevölkerung stellen sie mit 4,7 Prozent aber in Tirol, gefolgt von Vorarlberg (4,4 Prozent). Es gilt die einfache Regel: Je weiter entfernt von der deutschen Grenze, desto geringer der Anteil der Deutschen: Im Burgenland und in Niederösterreich sind es nur 1,1 Prozent der Bevölkerung. Die große Ausnahme ist Wien, das trotz einer relativ großen Entfernung zur deutschen Grenze überproportional viele »Piefke« beheimatet (2,5 Prozent der Bevölkerung).

So weit, so bekannt. Aber wie sieht es eigentlich andersherum aus? 2017 lebten 167 415 Österreicherinnen und Österreicher in Deutschland, das sind etwas weniger als umgekehrt. Diese fallen angesichts der Gesamtbevölkerung in Deutschland allerdings kaum ins Gewicht. Leider liegen Daten nach Staatsbürgerschaft für Deutschland nach Auskunft des Statistischen Bundesamtes erst ab 2010 vor. Bereits damals haben 160 341 österreichische Staatsbürgerinnen und Staatsbürger in Deutschland gelebt. Die Zuwanderung dürfte jedenfalls in relevanten Teilen also bereits früher stattgefunden haben, zu Zeiten vermutlich, als Deutschland ökonomisch besser da-stand als Österreich.

Der rege Austausch der beiden Länder hat auch handfeste Konsequenzen: Trotz aller sportlicher Rivalität und sprachlicher Barrieren gibt es sie, die Ehen zwischen Deutschen und Öster-reicherinnen bzw. Österreichern. In Deutschland haben 2017 immerhin 840 deutsche Frauen einen Österreicher geheiratet und 823 deutsche Männer eine Österreicherin. Damit lagen die südlichen Nachbarn relativ weit vorne in der Gunst der Deut-schen: Bei EU-Bürgern haben deutsche Frauen nur Italiener öfter geheiratet, deutsche Männer gingen häufiger mit Polinnen und Irinnen Ehen ein als mit Österreicherinnen. Scheidungen dieser binationalen Ehen gab es auch: 2017 waren es 259 (Frau deutsch) beziehungsweise 228 (Mann deutsch) Scheidungen.

In Österreich wurden ebenfalls Ehen zwischen Österreiche-rinnen bzw. Österreichern und Deutschen geschlossen: 1 131 deutsche Männer heirateten eine österreichische Frau und 1 298 deutsche Frauen einen österreichischen Mann. Geschieden wur-den 185 beziehungsweise 165 dieser Ehen im Jahr 2017.

Wirtschaftsstandorte im Vergleich
Die Wahrnehmungen der beiden Wirtschaftsstandorte könnten unterschiedlicher kaum sein: Während Deutschland einen Be-schäftigungsrekord nach dem anderen meldet und die Auf-tragsbücher offenbar voll sind – wenngleich die Unsicherheiten (Brexit, Handelskriege) zunehmen und sich die Anzeichen für einen Abschwung verdichten –, hat in Österreich der ehema-lige Präsident der Wirtschaftskammer, Christoph Leitl, den

Begriff des »abgesandelten« Wirtschaftsstandortes geprägt. Gebannt verfolgten die Kommentatoren jeden minimalen Platzverlust in mehr oder weniger seriösen Rankings und nahmen diese als Fieberkurve des Standortes Österreich. Die Lust am Motschkern und Meckern konnte so richtig ausgelebt werden, und in ganzen Artikelserien wurde der Wirtschaftsstandort Österreich beweint und der deutsche gelobpreist. Okay, das ist etwas übertrieben. Aber im Kern hat man sich darin gesuhlt, wie reformunwillig Österreich doch sei und dass es deshalb bergab gehe. Die Frage ist nur: Stimmt das eigentlich?

Oh, du armes Österreich?
Schauen wir uns zunächst den wichtigsten Indikator der Wirtschaft an: das Bruttoinlandsprodukt oder BIP (pro Kopf). Das BIP misst den Wert der im Inland hergestellten Waren und Dienstleistungen (Wertschöpfung), soweit diese nicht als Vorleistungen für die Produktion anderer Waren und Dienstleistungen verwendet werden. Das BIP als Maß ist umstritten, weil ausschließlich am Markt oder durch den Staat angebotene Leistungen erfasst werden, nicht aber innerfamiliäre Tätigkeiten. »Wer ein Dienstmädchen einstellt und bezahlt, erhöht das Bruttosozialprodukt; wenn er das Dienstmädchen heiratet, senkt er das Bruttosozialprodukt wieder« (Marcel Mart). Die vormals am Markt erbrachte Dienstleistung der Haushälterin weicht dann einer innerfamiliären Arbeitsteilung. Für diese wird kein Marktpreis erzielt, ähnlich wie für selbst gebackene Kuchen und Nachbarschaftsdienste – ganz zu schweigen von der Kindererziehung oder innerfamiliären Pflegeleistungen. Daher fließen derartige Leistungen nicht in das BIP ein, obwohl es sich selbstverständlich um Dienstleistungen oder gar Produktion handelt.

Während Schwarzarbeit geschätzt wird, passiert das bei unbezahlter Arbeit nicht. Mieten in Eigentumswohnungen hingegen werden hinzugerechnet, obwohl diese ja nicht an sich selbst bezahlt werden. Über das BIP lassen sich ganze Bücher schreiben, was zeigt, dass statistische Messkonzepte recht komplex sein können und man diese im Detail betrachten muss, wenn ganz präzise Informationen erwünscht sind. Die Nichterfassung der unbezahlten Arbeit jedenfalls wird auch aus geschlechterpolitischer Perspektive immer wieder kritisiert, da Frauen deutlich mehr unbezahlte Arbeit leisten als Männer. In Zahlen sieht das wie folgt aus:

Durchschnittliche Zeitverwendung von Personen ab 10 Jahren pro Woche				
	Frauen		Männer	
	Bezahlte Arbeit	Unbezahlte Arbeit	Bezahlte Arbeit	Unbezahlte Arbeit
Deutschland (2012/13)	15:03 Std.	26:43 Std.	23:12 Std.	16:48 Std.
Österreich (2008/09)	18:40 Std.	30:41 Std.	30:48 Std.	16:06 Std.

Quelle: Statistik Austria; Statistisches Bundesamt Deutschland; eigene Berechnungen; ohne Freiwilligenarbeit

Dabei sind die Daten insbesondere für Österreich sehr alt. Leider hat die Bundesregierung unter Bundeskanzler Sebastian Kurz der Statistik Austria keine Mittel zur Verfügung gestellt, um nach zehn Jahren wieder einmal eine Zeitverwendungserhebung durchführen zu können.

Während die (vor allem weibliche) unbezahlte Arbeit also keinen Eingang in das BIP findet, erhöhen Unfälle, Erdbeben, Umweltverschmutzungen und dergleichen das BIP (vermindern allerdings den Kapitalstock, der zwar berechnet, aber medial kaum kommuniziert wird). Es muss etwa die Polizei kommen, vielleicht auch die Rettung, das Auto wird abgeschleppt, es bedarf einer Reparatur oder Neuanschaffung. Wenn erst die Umwelt verschmutzt wird und danach teure und BIP-wirksame Reinigungsarbeiten durchgeführt werden müssen, ist das alles gut für das BIP – ob das aber wirklich dem Wohlstand dient, steht auf einem anderen Blatt. Über das BIP lässt sich also trefflich streiten, da es keinerlei Aussage zu wichtigen gesellschaftlichen Themen wie der Verteilung des Wohlstandes, Umweltfragen, Gesundheit und ganz allgemein: Wohlbefinden liefert, weil es eben ein Produktionsmaß ist.

Es gab zahlreiche Versuche, bessere Wohlstandsindikatoren zu finden. Relativ bekannt wurde eine Kommission unter dem Vorsitz des Nobelpreisträgers Joseph Stiglitz, der auch Amartya Sen und Kenneth Arrow (ebenfalls Träger des Nobelpreises), der französische Ökonom Jean-Paul Fitoussi und 21 weitere Wissenschaftlerinnen und Wissenschaftler angehörten. Diese Kommission wurde 2008 vom damaligen französischen Präsidenten Nicolas Sarkozy eingesetzt und hat zahlreiche Debatten angestoßen, etwa in der OECD, aber auch in statistischen Ämtern.

Statistik Austria hat einen Ansatz gewählt, neben dem BIP weitere Indikatoren auszuweisen und diese unter dem Label »Wie geht's Österreich« zusammenzufassen. Wirklich durchgesetzt hat sich bisher keines der neuen Konzepte, wohl auch, weil die eine Kennzahl »BIP« zu verlockend, zu einleuchtend ist und jeder glaubt, diese zu verstehen. Dennoch: Die Debatte muss und wird weitergeführt werden, um den Wohlstand einer Gesellschaft umfassender als derzeit zu messen. Bis dahin wird aber das BIP als Maßstab verwendet werden. Sie sollten aber immer im Hinterkopf haben, was das BIP misst – und was eben auch nicht. Ganz allgemein müssen die zugrunde liegenden Messkonzepte verstanden werden, wenn man die Statistiken wirklich verstehen will.

Das BIP hat sich nominell (zu laufenden Preisen, ohne Be-rücksichtigung der Inflation) seit dem EU-Beitritt Österreichs wie folgt entwickelt:

Bruttoinlandsprodukt zu laufenden Preisen 1995–2018		
	Deutschland	Österreich
1995	1.898,9 Mrd. €	176,6 Mrd. €
2018	3.386,0 Mrd. €	386,1 Mrd. €
Veränderung	**78,3%**	**118,6%**

Quellen: Statistik Austria, Statistisches Bundesamt Deutschland

Das BIP ist also in Deutschland um nominell 78,3 Prozent zwischen 1995 und 2018 gestiegen, in Österreich hat es sich mit einem Zuwachs um 118,6 Prozent mehr als verdoppelt. Die wirtschaftliche Entwicklung im Ganzen – das sieht man schon an dieser ersten Zahl – war in Österreich also erheblich besser als in Deutschland. Wir haben jedoch auch gesehen, dass in Österreich die Bevölkerung deutlich stärker gewachsen ist als in Deutschland. Um diese Entwicklung ebenfalls zu berücksichtigen, muss das BIP pro Einwohnerin beziehungsweise Einwohner als Größe herangezogen werden. Doch auch hier weiß Österreich zuletzt zu überzeugen.

1995 hatte Deutschland noch ein höheres BIP pro Kopf als Österreich: In Deutschland betrug der Wert 23.354 Euro, in Österreich 22.220 Euro, alle Werte sind zu laufenden Preisen angegeben (also im jeweils damaligen Wert, sie sind nicht inflationsbereinigt). Österreich ist also mit einem Rückstand auf Deutschland in die EU gestartet, doch bereits 1999 hat Österreich den großen Nachbarn überholt. Seitdem liegt das BIP pro Kopf in Österreich über dem deutschen Wert. Österreich ist nicht nur in einzelnen Jahren erfolgreicher als Deutschland, sondern kann seit 20 Jahren darauf verweisen, ein höheres BIP pro Kopf auszuweisen. Im allgemeinen Bewusstsein dürfte das noch nicht verankert sein.

Nachdem Deutschland 1999 überholt wurde, konnte Österreich den Vorsprung beim BIP pro Kopf auf 13 Prozent im Jahr 2009 ausbauen. Dieser Vorsprung sank auf gut sechs Prozent im Jahr 2017 und ist 2018 wieder auf fast sieben Prozent angestiegen. 2018 betrug das BIP pro Kopf in Deutschland 40.852 Euro, das in Österreich 43.680 Euro. Selbst nach der sehr starken wirtschaftlichen Entwicklung der letzten Jahre konnte Deutschland also nicht wieder am kleinen Nachbarn vorbeiziehen.

BIP pro Kopf je EinwohnerIn

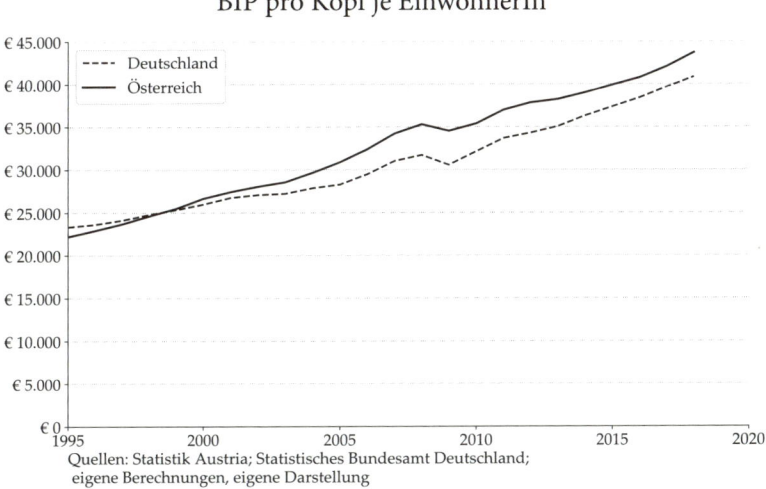

Quellen: Statistik Austria; Statistisches Bundesamt Deutschland; eigene Berechnungen, eigene Darstellung

Gerne wird nun angeführt, dass die Preise in Österreich höher seien und dies bei internationalen Vergleichen des BIP beachtet werden müsse. Hier wird vor allem auf die etwas höhere Inflation – genauer: den Verbraucherpreisindex – der vergangenen Jahre hingewiesen, die entgegen vieler Wortmeldungen aber keineswegs dramatisch ist: 2018 lag sie bei 2,0 Prozent. Doch selbst wenn die unterschiedlichen Preisniveaus berücksichtigt werden, liegt Österreich vor Deutschland. Vergleicht man die Daten von Eurostat, so kommt Deutschland beim BIP pro Kopf in Kaufkraftstandards[10] auf einen Wert, der 23,3 Prozent über dem EU-28-Wert liegt. Österreich erreicht hier sogar 27,2 Prozent über dem Durchschnitt. Wie man es dreht und wendet: Österreich hat heute ein höheres BIP pro Kopf als Deutschland. Dass der Wirtschaftsstandort »abgesandelt« sei, war nicht von den Daten gedeckt, die Aussage von Christoph Leitl war nicht zutreffend und ist es noch immer nicht. Jede Erzählung, die darauf aufbaut, dass es jetzt endlich wieder vorangeht, ist von den Daten nicht gedeckt, sondern politisch motiviert. Vermutlich sollte mit der Aussage die »Reformbereitschaft« erhöht werden, um Deregulierungen (die 60-Stunden-Woche beispielsweise) durchsetzen zu können. Wenn wieder eine starke Aussage zum Wirtschaftsstandort kommt, dann schauen Sie einfach selbst nach auf den Seiten von Eurostat oder von Statistik Austria.

Ein »abgesandeltes« Jobwunder
Die wirtschaftliche Entwicklung war also in Österreich besser als in Deutschland – aber gilt das auch für den Arbeitsmarkt? Dieser Bereich wurde durch Statistiker der nationalen Statistikämter in Deutschland und Österreich erst kürzlich untersucht, die feststellen, dass die Erwerbstätigkeit in Deutschland zwischen 1995 und 2017 zwar um 17 Prozent gestiegen ist – in Österreich jedoch um 23 Prozent. Allerdings werden hier Köpfe gezählt, und da sich die Arbeitszeit in den letzten Jahren verändert hat, muss dies ebenfalls berücksichtigt werden. So gab es einen Anstieg bei den Teilzeitstellen. Insbesondere in Deutschland sind zudem weitere Formen der Erwerbstätigkeit mit geringer Arbeitszeit (etwa atypische Beschäftigungsverhältnisse) gestiegen. Wird nun das Arbeitsstundenvolumen

betrachtet, dann lag der Anstieg in Deutschland noch bei lediglich 4 Prozent, in Österreich hingegen bei immerhin 12 Prozent, er war also dreimal so hoch. Das relativiert das deutsche »Jobwunder« doch gewaltig und lässt die Frage aufkommen, warum eigentlich nicht über Österreich gejubelt wird – oder die Erfolge in Deutschland relativiert werden. Ich bin mir ziemlich sicher, dass viele von Ihnen bei diesen Themen Deutschland klar vor Österreich vermutet hätten, allein schon, weil das »Jobwunder« in Deutschland immer wieder als Vorbild herhalten musste. Offensichtlich gab es aber gar kein Jobwunder (selbst Ökonomen sind allerdings auf diesen Schmäh hereingefallen), beziehungsweise in Österreich gab es ein »Mega-Wunder«.

Jedenfalls war Österreich – was die Schaffung von Beschäftigung angeht – seit 1995 doch deutlich erfolgreicher als der große Nachbar im Norden. Allerdings schneidet Deutschland bei der Entwicklung der Arbeitslosigkeit deutlich besser ab als Österreich.

Eurostat weist für Deutschland einen Rückgang der Arbeitslosigkeit in den vergangenen Jahren aus: 2009 betrug die ILO-Erwerbslosenquote 7,6 Prozent, 2018 waren es noch 3,4 Prozent – lediglich Tschechien hatte einen geringeren Wert in der EU (2,2 Prozent). In Österreich schwankte die Arbeitslosigkeit in den vergangenen Jahren: 2009 lag sie bei 5,3 Prozent, 2018 dann bei 4,9 Prozent, nachdem der Wert bis 2016 auf 6,0 Prozent gestiegen war.[11]

Wie aber passt es zusammen, dass die Beschäftigung in Österreich deutlich schneller gestiegen, aber auch die Arbeitslosigkeit höher ist? Die Antwort haben wir indirekt schon gehört: Mit der Bevölkerung ist auch das Arbeitskräftepotenzial in Österreich deutlich stärker angewachsen. Es sind also mehr Menschen (vor allem durch Zuwanderung) auf den Arbeitsmarkt gedrängt als in Deutschland. Dieser Geschwindigkeit konnte die Nachfrage nach Arbeitskraft in Form von Arbeitsplätzen nicht in Gänze folgen, obwohl die Anzahl an Arbeitsplätzen in Österreich durchaus gestiegen ist. Das schauen wir uns in einem Städtevergleich der deutschsprachigen Millionenstädte (Berlin, Wien, Hamburg, München und Köln) noch genauer an. Das Spannende: In der ökonomischen Debatte wird dieser Faktor des Arbeitsmarktes in vielen Fällen schlicht ignoriert.

Die Arbeitslosigkeit ist in Österreich also nicht etwa deshalb höher, weil die Wirtschaft »abgesandelt« ist, sondern weil das Beschäftigungswachstum nicht mit dem starken Bevölkerungswachstum (und damit verbunden: dem steigenden Arbeitskräfteangebot) der letzten Jahre mithalten konnte. Dieser »Angebotsschock« ist für den Standort ein Problem, allerdings scheint es, dass die Therapie an der falschen Stelle gesucht wird. Bemerkenswert ist, dass bestimmte Bevölkerungsgruppen besonders von Arbeitslosigkeit betroffen sind. Neben den Geringqualifizierten sind dies Menschen über 50 Jahre. Für diese Gruppen bedarf es besonderer Anstrengungen wie die von der Regierung Kurz beendete und später wiederbelebte »Aktion 20.000«.

Schaffe, schaffe, Häusle baue

Österreich und Deutschland verfügen beide über ein »Ländle«, dem jeweils besonderer Fleiß und Sparsamkeit nachgesagt werden. Was dem Deutschen seine Schwaben (im Bundesland Baden-Württemberg), sind dem Österreicher die Vorarlberger. Daher darf das wichtige Thema Produktivität – berechnet als BIP pro Erwerbstätigen beziehungsweise pro Arbeitsstunde – natürlich nicht fehlen.

Die europäische Statistikbehörde Eurostat weist diese in Relation zur EU aus: Der Durchschnittswert der EU wird dabei mit 100 normiert. Werte über 100 bedeuten also eine überdurchschnittliche Produktivität, Werte unter 100 eine entsprechend unterdurchschnittliche.

Sowohl Deutschland als auch Österreich liegen bei der Produktivität je Erwerbstätigen über dem Wert der EU-28: Deutschland bei 106,3, Österreich noch zehn Punkte höher, bei 116,3. Nur Luxemburg und Belgien haben eine höhere Produktivität als Österreich – Dänemark liegt auf dem gleichen Niveau. Bei dieser Betrachtung wurde allerdings die Arbeitszeit nicht berücksichtigt, die gute Produktivität Österreichs könnte also auch daher kommen, dass es weniger Freizeit gibt. Betrachtet man daher die Produktivität als BIP je Arbeitsstunde, dann dreht sich die Reihung um: Deutschland hat mit 127,5 einen höheren Wert als Österreich (117,4), beide liegen deutlich über dem Durchschnitt der EU. Auch diese wichtige Kennzahl macht deutlich, dass beide Wirtschaftsstandorte gut aufgestellt sind. Die Daten zeigen jedoch auch: Die durchschnittliche Arbeitszeit in Österreich liegt über der deutschen, es wird in Österreich mehr Arbeitszeit verwendet, um den beachtlichen wirtschaftlichen Output zu produzieren. Hier liegt Deutschland also vorne, denn das Land kommt mit weniger Arbeitsaufwand aus – hat also die höhere Produktivität je Arbeitsstunde.

Money, Money, Money …
Es gäbe noch zahlreiche Vergleiche, die angestellt werden könnten. So ist das österreichische Pensionssystem deutlich besser ausgestattet als das deutsche, es ermöglicht einen erheblich höheren Lebensstandard im Alter und ist vergleichsweise armutsfest: »Bei durchschnittlichen Einkommen sind in Deutschland aktuell knapp 41 Beitragsjahre (!) erforderlich, um eine Pension in Höhe der Armutsgefährdungsgrenze zu erreichen. Aufgrund weiterer Absenkungen des Pensionsniveaus stellt sich die Situation mit künftig 48 Beitragsjahren noch drastischer dar. In Österreich reichen demgegenüber heute und auch in der Zukunft 26 Jahre« (Blank / Türk 2019). Die Armutsfestigkeit des Pensionssystems muss auch finanziert werden, etwa über

sogenannte Lohnnebenkosten. »Sogenannte« deswegen, weil es für den Arbeitgeber egal ist, ob er Löhne oder Lohnnebenkosten bezahlt – eine Kürzung der Lohnnebenkosten führt zu Kürzungen bei den Leistungen und ist letztlich auch eine Lohnsenkung. Die Österreicherinnen und Österreicher legen offenbar insgesamt mehr Wert auf eine bessere soziale Absicherung als auf niedrigere Abgaben. Eine demokratisch getroffene Entscheidung, die man akzeptieren sollte, weil sie wohl begründet ist – schließlich werden wir alle einmal alt und wollen nicht in Armut leben. Es wäre wichtig zu lernen, dass es unterschiedliche wirtschaftspolitische Modelle gibt, die Vor- und Nachteile haben und im Rahmen demokratischer Entscheidungsprozesse zu akzeptieren sind.

Die Senkung der Abgabenquote auf einen bestimmten Prozentsatz – das wird gerne in Wahlkämpfen versprochen – ist vielleicht gut verkaufbar, es fehlt aber an einer ökonomischen Begründung dieses Zieles. Logisch wäre es zu definieren, welche Leistungen öffentlich erbracht werden sollen, und daraus dann die Kosten in Form der Abgabenquote abzuleiten. Nicht umgekehrt.

Ein Punkt soll aber zum Vergleich noch herausgegriffen werden – der Schuldenstand. Hier weist Deutschland einen niedrigeren Wert aus als Österreich. Die Staatsschulden machten in Deutschland im Jahr 1995 54,8 Prozent des BIP aus. In der Folge schwankte der Schuldenstand zwischen 57 und 67 Prozent des BIP und betrug im Jahr 2007 dann 63,7 Prozent des BIP. Dann brach die Weltwirtschaftskrise aus und der deutsche Schuldenstand erreichte 2010 mit 81,8 Prozent seinen Höchststand. Seit 2013 sinkt der Schuldenstand kontinuierlich und lag 2018 noch bei 60,9 Prozent des BIP, also unter dem Vorkrisenniveau. Es lässt sich also sagen, dass Deutschland die Krise antizyklisch gemeistert hat – mit einem steigenden Schuldenstand bei Ausbruch der Krise und einer Konsolidierung im

Aufschwung. Es ist dadurch gelungen, den Schuldenstand sogar auf ein Niveau zu senken, das unter jenem beim Ausbruch der Krise lag.

Schuldenstand in Prozent des BIP

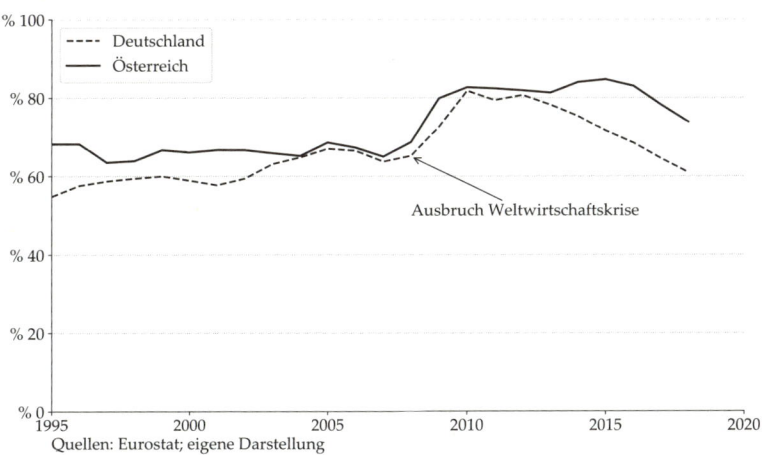

Quellen: Eurostat; eigene Darstellung

Die Entwicklung in Österreich begann 1995 bereits mit 68,3 Prozent des BIP, etwa auf diesem Niveau blieb der Schuldenstand bis 2008 mit 68,7 Prozent. Der krisenbedingte Höchststand wurde 2015 erreicht, was auch mit der Rettung einer Bank zu tun hat – hier erreicht Österreich den Wert von 84,7 Prozent. Seitdem sinkt der Schuldenstand kontinuierlich und lag 2018 bereits bei nur mehr 73,8 Prozent des BIP – er konnte also in nur drei Jahren um zehn Prozentpunkte gesenkt werden und befindet sich wieder in der Nähe des Vorkrisenwertes.[12] Sollte sich die Wirtschaft weiter gut entwickeln und sollten keine teuren Steuerreformen kommen, so wird auch Österreich seine Schulden wieder auf das Niveau von vor der Krise senken können. Auch hier sind die Zahlen aufschlussreich, wird doch gerne argumentiert, der Staat würde immer mehr und mehr Schulden machen. Das mag zwar absolut stimmen – aber was sagt ein absoluter Wert aus? Nach der Logik hat Deutschland wohl immer mehr Schulden als Österreich. Relevant ist der Bezug zur Wirtschaftskraft (BIP) – und hier sinkt die Schuldenquote derzeit rasant. Schlagzeilen gibt es aber meistens nur, wenn die Staatsschulden steigen.

Aber was sagt das eigentlich aus?
Um den Schuldenstand einordnen zu können, ist das Vermögen des jeweiligen Staates gegenzurechnen. Denn wenn die Verschuldung zur Schaffung von Vermögen verwendet wird, dann haben wir eigentlich eine Bilanzverlängerung, aber keine Reduzierung des Reinvermögens. Das ist – wenn man so will – auch ein Problem in der Darstellung der öffentlichen Finanzen (»Kameralistik«), die aber einer durchaus sinnigen Logik folgt.

Um das plastisch zu erklären: Wenn ich ein Haus kaufe, dann habe ich zwar Schulden bei der Bank, aber eben auch ein Haus. Sowohl die Aktiva-Seite der Bilanz (das Haus) wird also um eine Position länger, aber auch die Passiva-Seite (Summe aus Eigenkapital und Schulden). Trotz dieser Schulden bin ich nicht ärmer geworden, sondern wegen des parallelen Anstiegs von Vermögen und Schulden ist mein Eigenkapital als Reinvermögen gleich geblieben.[13] Mir fehlt das Geld, ich habe aber das Haus im gleichen Wert. Wenn diese Investitionen schlau getätigt werden, dann profitiere ich davon später – und vielleicht auch meine Nachfahren. Deshalb ist es so wichtig, dass der Staat ausreichend investiert und den Nachkommen eine intakte Infrastruktur hinterlässt. Wer den Staatshaushalt für die kommenden Generationen sichern will, der muss jedenfalls auch die Infrastruktur mit berücksichtigen. Unsere Kinder erben nämlich nicht nur die Schulden, sondern auch das Vermögen in Form von Schulen, Straßen, Krankenhäusern, U-Bahnen etc. Um ein Beispiel zu nennen: Mit dem Verkauf der Gemein-

debauten würde Wien seine Schulden auf einen Schlag begleichen können – bei 220 000 Gemeindewohnungen und knapp
7 Milliarden Euro Schulden kann man davon jedenfalls ausgehen.[14] Allerdings würde die Stadt dann enorme Steuerungs-
möglichkeiten aus der Hand geben, für die sie weltweit gelobt
und beneidet wird. Wenn man nun nur auf die Schulden, nicht
aber auf das Vermögen schaut, kommt man zu falschen Politik-
empfehlungen.

Am Zustand der Infrastruktur in Deutschland bestehen nun
erhebliche Zweifel, und eine Studie hat Gemeinden in Deutschland identifiziert, die aufgrund struktureller Umbrüche in einer
ernsthaften Abwärtsspirale stecken. Diese »Globalisierungs-
verlierer« (Jens Südekum) investieren viel zu wenig in die Zukunft, was auch am Festhalten an der »schwarzen Null« liegen
dürfte.

Dies wird durchaus auch von der Bevölkerung wahrgenommen, wie eine europäische Umfrage (Eurostat) aus dem Jahr
2015 zeigt: Während die Bewohnerinnen und Bewohner der 28
einbezogenen deutschen Städte zu 80,5 Prozent sehr zufrieden
oder zufrieden mit öffentlichen Räumen in der Stadt waren
(Märkte, Plätze, Fußgängerzonen), waren es in Österreich (Wien,
Graz) 88,5 Prozent. Mit dem Zustand der Straßen und Gebäu-
de in der Umgebung waren in Deutschland 61,8 Prozent sehr
zufrieden oder zufrieden, in Österreich 87 Prozent.

Im Gegensatz zu Unternehmen führt der Staat keine Bilanz.
Die staatliche Kameralistik geht davon aus, dass die jeweiligen
Ausgaben zu decken sind. Wenn also ein Krankenhaus gebaut
wird, dann sind die Baukosten über Einnahmen (Steuern,
Schulden) zu finanzieren, egal ob dabei ein Vermögen entsteht
oder nicht. Wenn der Bau des Krankenhauses abgeschlossen
ist, dann taucht das Krankenhaus nicht mehr auf (außer mit
den Betriebskosten). Vermögen wird demnach nicht ausgewiesen. Allerdings gehen zuletzt manche Gebietskörperschaften

zur doppelten Buchführung über. Das zieht andere Probleme nach sich, vor allem in der Bewertung der Vermögensbestände. Diese Debatte würde etwas zu weit führen, wichtig ist nur: Wenn durch Schulden Werte geschaffen werden, dann wird man dadurch nicht ärmer, sondern hat, ergänzt durch eine Transformation von Geldvermögen zu Sachvermögen, sein Reinvermögen aufrechterhalten. Und beides – also Schulden und Vermögen – werden an die kommenden Generationen vererbt. Bei den Schulden hat sich Deutschland besser entwickelt als Österreich, auch wenn der Schuldenstand in Relation zur Wirtschaftsleistung in beiden Ländern stark sinkt.

Schauen wir uns nun also an, wie viel der Staat investiert hat, denn das ist erstaunlich: Seit 1995 lagen die Bruttoinvestitionen des Staates in Relation zum BIP in Österreich in jedem Jahr höher als in Deutschland, zuletzt bei 3,1 versus 2,2 Prozent des BIP. Im Durchschnitt der Jahre 1995 bis 2017 investierte Österreich 3,0 Prozent des BIP, Deutschland jedoch lediglich 2,2 Prozent. Das bedeutet, dass Deutschland 443,7 Milliarden Euro mehr hätte investieren müssen, um auf den gleichen anteiligen Wert zu kommen wie Österreich. 443,7 Milliarden Euro in 23 Jahren oder 19,3 Milliarden Euro pro Jahr. Seit 23 Jahren investiert Deutschland pro Jahr 19,3 Milliarden zu wenig, um das Niveau des kleinen Nachbarn zu erreichen. Das könnte ein Grund sein, warum die Österreicherinnen und Österreicher mit ihrer Infrastruktur zufriedener zu sein scheinen als die Deutschen.

Hätte man diese zusätzlichen deutschen Investitionen über Schulden finanziert, wäre der niedrigere Schuldenstand aber passé. Österreich hat also keinesfalls »Freibier für alle« gerufen, sondern die (zusätzlichen) Einnahmen für öffentliche Investitionen genutzt.

Ob die jeweils getätigten Investitionen im Detail immer sinnvoll waren, darüber lässt sich trefflich streiten, das kann nicht Gegenstand dieses Buches sein. Zudem ist unklar, ob das österreichische Niveau das richtige ist. Allein aufgrund der Topografie – also der Berge – fallen in Österreich bei Bahn- und Straßenbau höhere Kosten an. Wichtig ist aber, wie die Zahl »Schulden« zu lesen ist und dass das Konzept hinter »öffentlichen Schulden« doch bedeutend komplexer ist, als es politisch und medial oft vermittelt wird. Das muss man jedoch wissen, um dann die eigenen Präferenzen daraus ableiten zu können.

Die moralisierende Bewertung von Schulden ist jedenfalls unsinnig. Schulden – in der Schuld stehen – hat zwar sprachlich eine negative Konnotation; in der öffentlichen Debatte sowohl in Deutschland als auch in Österreich schwingt oft mit, dass alle Schulden schlecht seien. Dies wird auch durch Begriffe wie die »Schuldenbremse« vermittelt. Ökonomisch ist diese Aussage nicht zu halten, denn die Frage, wann Schulden sinnvoll sind, lässt sich pauschal nicht beantworten. Vielmehr ist jeweils abzuwägen, ob der Nutzen der Schulden in Form von Straßen, Schienen, Schulen usw. und dem daraus entstehenden Wirtschafts- und Jobwachstum höher ist als die Zinskosten. Wenn dies der Fall ist, dann ist eine Schuldenfinanzierung angebracht. Gerade in Krisenzeiten – und das haben wir seit 2007 wieder mühsam lernen müssen – ist eine aktive, antizyklische Fiskalpolitik der günstigere Weg, da man einer Krise nicht hinterhersparen kann. Weder die Schuldenbremse noch die Maastricht-Kriterien sind übrigens ökonomisch begründet – sondern politisch. Es gibt keine ökonomische Herleitung der erlaubten 0,35 Prozent Defizitquote in Deutschland – sie wurde einfach gesetzt. Es ist bezeichnend, dass Ökonomen die Schuldenbremse vor allem mit einem Misstrauen in die Politik – und damit auch in die Demokratie – begründen. Und nicht ökonomisch.

Der Österreicher und sein Staat
Insgesamt scheint der öffentliche Sektor in Österreich eine größere Wertschätzung zu genießen als in Deutschland: Österreich

hat mit 48,5 Prozent die deutlich höhere Staatsquote als Deutschland (43,9 Prozent). Die Gesamtausgaben des Staates belaufen sich demnach auf fast die Hälfte des BIP. Aber auch hier sind Vergleiche schwierig, schließlich müssen die Deutschen die Absenkung der gesetzlichen Rente durch private Maßnahmen (die sogenannte Riester-Rente) kompensieren. Während die staatliche Pension zur Staatsquote zählt, fallen privat angesparte Renten nicht darunter – selbst wenn es faktisch wenig Alternativen dazu gibt. Zudem werden die Familienleistungen in Österreich als Transfers getätigt, d. h., sie werden als Steuern eingenommen und dann wieder an Familien ausbezahlt. In Deutschland hingegen ist ein wesentlicher Bestandteil der Unterstützung für Familien (oder genauer: verheiratete Paare) das Ehegattensplitting (in Österreich 1972 abgeschafft), das die Steuerschuld von Anfang an senkt, somit nicht als Ausgabe gefasst wird und daher nicht in die Staatsquote eingerechnet wird. Ähnlich ist es beim Kindergeld. Sowohl beim Kindergeld als auch bei der Familienunterstützung profitieren aber bestimmte Personengruppen von der Leistung (beziehungsweise Steuerreduktion) – nur einmal zählt die Leistung zur Staatsquote dazu und einmal nicht. Eine geringere Staatsquote als solche ist also wenig aussagekräftig – und offenbart die Tücken der Statistik.

Die lieben Nachbarn
Ein solcher Text, der mit Piefke- und Wien-Klischees einsteigt, betont logischerweise die Unterschiede zwischen beiden. Dabei soll aber nicht übersehen werden: Die Entwicklungen sind in Deutschland und Österreich insgesamt nicht gravierend unterschiedlich. Und die österreichische Wirtschaft hängt beim Außenhandel enorm am großen Nachbarn – über 30 Prozent der Exporte gingen 2018 nach Deutschland. Für alle neun österreichischen Bundesländer war Deutschland der wichtigste Han-

delspartner. Dennoch ist es falsch, Österreich als kleinere Ausgabe von Deutschland zu begreifen, da die wirtschaftlichen und demografischen Muster beachtliche Unterschiede aufweisen, auch wenn die Gemeinsamkeiten überwiegen – wie auch bei der Sprache. Darauf eine Melange! Beziehungsweise einen Cappuccino!

P.S.: Aber der Wintersport ...

Im Fußball bleiben den Österreichern oft nur die verblassenden Erinnerungen an Córdoba. Man schied zwar selbst aus, aber es gelang, den großen Nachbarn ebenfalls aus dem Turnier zu befördern. Und so lange weitere Erfolge ausbleiben, wird die argentinische Stadt der Fixpunkt der Erinnerung bleiben – auch wenn es über 40 Jahre her ist. Aus guten Gründen konzentriert sich Österreich auf den Wintersport. Zwar ist dieser ebenfalls skandalgebeutelt – zuletzt die Vorwürfe der sexuellen Übergriffe und der (wiederholte) Dopingskandal im Langlauf. Aber beim Skifahren macht den Österreichern keiner was vor! Umgekehrt sind auch die Deutschen überzeugt davon, Wintersport zu können – jedenfalls bekommt fast keine andere Sportart derart viele Sendeminuten im öffentlich-rechtlichen Fernsehen. Wochenende für Wochenende läuft den gesamten Winter hindurch auf ARD und ZDF kaum etwas anderes, und die Deutschen kennen vermutlich eher die Namen der Bobpilotinnen und Bobpiloten als der Bundesministerinnen und Bundesminister.

Schauen wir uns auch hier die Daten an, und zwar anhand der Olympiasiegerinnen und Olympiasieger. Im »ewigen« Medaillenspiegel liegt Deutschland mit 150 Olympiasiegen bei den Winterspielen vorne, vor Russland (136), Norwegen (132), den USA (105), Kanada (73) und Österreich (64) auf Platz sechs. Bis auf Norwegen mit einer Bevölkerung von 5,3 Millionen sind diese Länder auch bedeutend größer als Österreich (8,8 Millionen). Es gibt allerdings einige historische Verwerfungen, schließlich wurden alle Trophäen seit Chamonix 1924 gezählt. Schauen wir uns also nur die Spiele seit 1992 in Albertville an – da trat Deutschland erstmals nach der Wiedervereinigung als ein Team an.

Deutsche und österreichische Goldmedaillen bei olympischen Winterspielen 1992–2018		
Olympische Winterspiele	**Gold Deutschland**	**Gold Österreich**
1992: Albertville	10	6
1994: Lillehammer	9	2
1998: Nagano	12	3
2002: Salt Lake City	12	3
2006: Turin	11	9
2010: Vancouver	10	4
2014: Sotschi	8	4
2018: Pyeongchang	14	5
Summe	**86**	**36**

Quelle: Wikipedia; eigene Berechnungen

Mit 86 zu 36 Goldmedaillen führt Deutschland hier zwar klar, aber wir wissen ja bereits, dass Deutschland 9,4-mal mehr Einwohnerinnen und Einwohner hat und also 338 Goldmedaillen bräuchte. Also ist doch quasi bewiesen, dass Österreich die Wintersportgroßmacht ist – höchstens übertroffen von Norwegen. Es ist nun die Frage, wie man zählen will: In Deutschland gibt es bekanntlich nur an wenigen Stellen Berge – was für viele Wintersportarten aber Voraussetzung ist. Klar, Eisschnelllauf geht sogar in den Niederlanden, die sehr erfolgreich vormachen, wie man als Nation ohne jeden Hügel Medaillen bei den Winterspielen holt (im ewigen Medaillenspiegel stehen 45 goldene für die Niederlande!).

Von den deutschen Olympiasiegerinnen und Olympiasiegern zwischen 1992 und 2018 kamen 29 Prozent aus Bayern, 26 Prozent aus Thüringen und 16 Prozent aus Sachsen – wobei ich hier immer vom Geburtsort ausgehe. Aus diesen drei Ländern kamen demnach über zwei Drittel der Goldgewinner bei olympischen Winterspielen. Nehmen wir noch Nordrhein-Westfalen (9 Prozent), Berlin (6 Prozent), Baden-Württemberg (5 Prozent – für mich überraschend wenig) und Brandenburg (4 Prozent) dazu, dann haben wir mit sieben Ländern knapp 95 Prozent der Goldmedaillen. Mecklenburg-Vorpommern und Sachsen-Anhalt steuern zwei Goldgewinnerinnen bzw. Goldgewinner bei, Hessen (Petra Behle in der Biathlon-Staffel) und Niedersachsen (Arnd Peiffer, Biathlon) je einen. Drei deutsche Olympiasieger sind im Ausland geboren (Ukraine, Frankreich und Polen), und die Bundesländer Hamburg, Bremen, Schleswig-Holstein, Saarland und Rheinland-Pfalz haben null Goldgewinner.

Wie sieht es in Österreich aus? 40 Prozent der Goldenen kommen aus Tirol, 26 Prozent aus Salzburg und 13 Prozent aus Kärnten – ebenfalls nach dem Geburtsort berechnet. Knapp 80 Prozent der Olympiasiege kommen aus diesen drei Bundesländern. 6 Prozent kommen gebürtig aus der Steiermark, je 4 Prozent aus Oberösterreich, Vorarlberg und Wien, und eine Goldmedaille (Julia Dujmovits, Snowboard) kommt aus dem Burgenland. Niederösterreich geht leer aus.

Wintersport wird nicht von wahnsinnig vielen Nationen betrieben – nur aus 39 Nationen gab es bisher Medaillengewinner bei den olympischen Winterspielen (Sommerspiele zum Vergleich: 136), 33 Nationen holten Gold (Sommerspiele: 99). Wenn man genauer hinschaut, dann ist auch nicht Italien Wintersportland, sondern Südtirol, nicht Deutschland, sondern

Bayern und Thüringen, nicht Österreich, sondern der Westen und der Süden des Landes.

Interessant ist, dass seit 1992 aus Vorarlberg nicht mehr goldene kamen als aus Wien. Der Bregenzer Patrick Ortlieb gewann 1992 die Abfahrt, Mario Reiter, geboren in Rankweil, gewann die alpine Kombination 1998. Die gebürtige Wienerin Michaela Dorfmeister gewann 2006 sowohl in der Abfahrt als auch im Super-G Gold – auch wenn manche den Geburtsort von Dorfmeister nicht gelten lassen wollen, weil sie mit vier Jahren wegzog.

Berechnet man die »Gold-Dichte«, also Goldmedaillen je eine Million Einwohnerinnen und Einwohner, dann liegt Tirol mit knapp 28 hier vor Salzburg (25) und Thüringen (19). Es folgt Kärnten (12), sodass jedenfalls die Hauptwintersportregionen Österreichs erfolgreicher sind als die deutschen. Was man in Österreich irgendwie eh schon immer wusste.

BERLIN, WIEN, HAMBURG, MÜNCHEN, KÖLN – DIE MILLIONENSTÄDTE IM DEUTSCHEN SPRACHRAUM

Wir haben bereits gesehen, dass sich Deutschland und Österreich einerseits recht ähnlich sind, bei andererseits erheblichen Unterschieden. Beide gehören zu den erfolgreichsten Volkswirtschaften der Welt, beide haben Stärken und Schwächen, die man nüchtern analysieren und bewerten kann. Beide haben erhebliche Herausforderungen der Zukunft zu meistern, etwa wie mit der Digitalisierung die Entstehung einer neuen sozialen Frage vermieden und wie der Klimawandel gestoppt wird. Und beide haben wunderbare Städte, die wir uns in der Folge ansehen wollen. Die Datenlage bei Städten ist allerdings dünner als bei Staaten.

Lebensqualität made in Vienna
Wien führt 2019 zum zehnten Mal in Folge das Lebensqualitätsranking der Unternehmensberatungsgruppe Mercer an. Was anderswo Jubel auslösen würde, führt in den österreichischen Medien regelmäßig zu einer absurden Debatte darüber, dass das ja nur ein »Manager-Ranking« sei. Das ist umso erstaunlicher, weil es nicht einmal stimmt. Das Unternehmen schaut sich die Städte aus den Augen der Expats, also ins Ausland entsandter Mitarbeiterinnen und Mitarbeiter von Firmen, an – von denen sind die wenigsten Manager. Und es werden überwiegend (zu 98 Prozent) Daten verwendet, Befragungen von Expats fließen zu 2 Prozent in die Beurteilung ein. Die volle Punktzahl

erreicht Wien bei Gesundheitsversorgung, Wasserversorgung, Müllentsorgung, Abwassersystem, Schulen, Stromversorgung und öffentlichem Verkehr, Wohnungsmarkt, Meinungsfreiheit und politischer Stabilität – alles auch für den »Normalbürger« hochrelevant. Und alles Bereiche, in denen Wien beziehungsweise Österreich mit einem starken öffentlichen Sektor punktet.

Natürlich, Mercer erstellt dieses Ranking als Handreichung für Unternehmen, die Mitarbeiterinnen und Mitarbeiter ins Ausland entsenden wollen. Es wird quasi ein Hinweis gegeben, wie hoch das zusätzliche »Schmerzensgeld« sein muss. In Wien, so die Botschaft, ist die Lebensqualität sehr hoch und daher eine Entsendung außerhalb der normalen Schwierigkeiten (Trennung von Freunden, gewohntem Umfeld, Heimat etc.) sehr gut möglich. Nach Wien geschickt zu werden ist Belohnung, nicht Strafe.

Dieser Blickwinkel des Rankings bringt es mit sich, dass bei der Kultur vermutlich Wert auf englischsprachige Angebote gelegt wird, bei der Bildung schaut man sich die internationalen Schulen an. Das meiste ist aber für Expats und Wienerinnen bzw. Wiener gleichermaßen bedeutend, wie Sicherheit, Verkehr oder die Müllabfuhr.

Die Art der Auseinandersetzung ist symptomatisch, da sie hochpolitisiert ist: Die Opposition ist bemüht, die guten Ergebnisse zu relativieren, wohingegen die Regierung natürlich erfreut ist. Allerdings geht die entscheidende Frage oft völlig verloren: Was können wir für Wien daraus lernen? Das Ziel müsste schließlich sein, besser zu werden – ohne die eigenen Erfolge zu verstecken.

Politisch wird zwar gerne in Abrede gestellt, dass Wien erfolgreich sei – aber das ist eindeutig so. Vermutlich lässt es sich in allen Städten unter den Top 30 hervorragend leben. Ein zweiter, dritter, sechster Platz ist keinesfalls eine Niederlage. Umso schöner für Wien, dass die Stadt auch im zweiten großen Ranking ganz vorne liegt – erstmals 2018 und erneut 2019: Nachdem

Melbourne vom renommierten Wirtschaftsmagazin *The Econo-mist* sieben Jahre lang auf Platz eins gereiht war, hat Wien auch hier die Führung übernommen. Ebenso bereits zum zweiten Mal im Smart City Strategy Ranking von Roland Berger.

Es gibt zahlreiche weitere Rankings – und viele Städte sind in einzelnen Punkten gut. Umgekehrt ist keine Stadt überall Weltspitze. Wien kann aber behaupten, bei einigen weit rezi-pierten und daher wichtigen Rankings oben zu stehen oder oben mitzumischen. Und Wien kann – das wissen wir aus Um-fragen etwa der Europäischen Union – auch behaupten, dass die Menschen sehr gerne hier leben.

Lebensqualitätsrankings – Top 10	
Quality of Living 2019 (Mercer)	**Global Liveability Ranking 2019 (EIU)**
1. Wien	1. Wien
2. Zürich	2. Melbourne
3. Vancouver	3. Sydney
3. München	4. Osaka
3. Auckland	5. Calgary
6. Düsseldorf	6. Vancouver
7. Frankfurt am Main	7. Toronto
8. Kopenhagen	7. Tokio
9. Genf	9. Kopenhagen
10. Basel	10. Adelaide

Quellen: Mercer, The Economist Intelligence Unit

Nur Wien, Vancouver und Kopenhagen schaffen es bei beiden Rankings in die Top 10. Auffällig ist, dass Mercer sehr europa-dominiert ist (acht der zehn Topplätze), wohingegen das *Eco-*

nomist-Ranking mit Wien und Kopenhagen lediglich zwei europäische Städte in den Top 10 hat. Berlin ist bei Mercer übrigens auf Platz 13 und Hamburg auf 19.

Diese Rankings tun, was alle Rankings tun: Sie geben ausgewählten Kriterien Punkte, die dann gewichtet werden und so zu einer Gesamtpunktzahl führen. Das ist immer auch für subjektive Einflüsse offen (Ist Verkehr wichtiger oder Grünraum? Oder beides gleich? Welche Kriterien werden überhaupt in das Ranking einbezogen?) und vernachlässigt viele politische, soziologische, geografische und historische Faktoren. Grundsätzlich gilt: Bei Indizes und Rankings ist Vorsicht angebracht, es muss schon gut hingesehen werden, wie diese komponiert sind. Beispielsweise schneiden Städte am Meer oder an einem großen See oft bei der Luftqualität besser ab. Umgekehrt profitieren Städte wie Wien von ihrem historischen Erbe. Beides ist heute nicht mehr beeinflussbar, hat aber zweifelsohne Auswirkungen auf die Lebensqualität. Daher werden diese Punkte zu Recht berücksichtigt, entziehen sich aber der Gestaltbarkeit der jeweiligen Politik.

Derartige Vergleiche lassen sich daher auch leicht instrumentalisieren. Oft werden einzelne Aspekte der Städte herausgegriffen und isoliert betrachtet, was meist sinnlos ist. Der Kontext wird nicht berücksichtigt, und die Simplifizierungen verfälschen die Resultate. Die Rankings und Vergleiche liefern Hinweise, können lustig sein oder unterhalten – zu allem anderen muss man näher hinsehen, was ich hier versuchen will. Die Beliebtheit der Rankings ergibt sich jedenfalls aus der klaren Aussage: »Wien ist die lebenswerteste Stadt der Welt!« Sie ist griffig und gut verständlich. Ich würde zwar nicht widersprechen, aber natürlich kann man auch in München oder Berlin hervorragend leben, sicher auch in Kopenhagen und Vancouver. Unbestritten ist, dass alle Städte ihre Probleme haben – etwa die Armut mehr oder weniger großer Bevölkerungsteile. Hier gilt es, Lösungen zu finden. Letztlich sind oft persönliche Präferen-

zen entscheidend, wo man leben will, und natürlich viele Zufälle des Lebens, beginnend beim Geburtsort und bei der entscheidenden Frage, ob man überhaupt eine Wahl hat.

Metropolen in Europa

Die größten Metropolen der Welt liegen nicht in Europa. Laut
Wikipedia gibt es (in administrativen Grenzen[15]) 382 Millionenstädte. Größte Stadt ist demnach Schanghai (China) mit 20,9
Millionen Einwohnern vor Peking (ebenfalls China, 18,6 Millionen) und Karatschi (Pakistan, 14,9 Millionen). Auf Platz vier
folgt das türkische Istanbul (14,6 Millionen), Berlin ist auf Platz
68, Wien auf Platz 165, Hamburg auf 168, München auf 243 und
Köln auf Platz 340 der Millionenstädte zu finden.

Was ist eigentlich eine Stadt?

Das Problem des Städtevergleiches beginnt nicht erst mit den
beschriebenen Schwierigkeiten von Rankings, sondern früher:
Es gibt keine vernünftige Städtestatistik – auch nicht in der
Europäischen Union. Die Daten werden von der EU oder der
OECD meistens auf Ebene der NUTS-Gliederungen zur Verfügung gestellt. Diese »Nomenclature des unités territoriales
statistiques« unterteilt Europa in Regionen, die aber in vielen
Fällen nicht den administrativen Stadtgrenzen entsprechen. So
sind die Städte Berlin, Wien und Hamburg – die gleichzeitig
auch Bundesländer sind – NUTS-2-Regionen, für die es relativ
viele Daten gibt. München und Köln sind allerdings nur
NUTS-3-Regionen; hier ist die Datenlage nicht sehr gut.

Aber auch administrative Stadtgrenzen sind problematisch:
Sie sind zwar im Gesetz definiert, nach dieser Logik hätte Brüssel aber lediglich 180 000 Einwohnerinnen und Einwohner, Paris
2,2 Millionen. Athen rutscht in den administrativen Grenzen
sogar aus der Liste der Millionenstädte heraus. In vielen Fällen –
etwa Paris (12,5 Millionen Einwohnerinnen und Einwohner) und

Athen (3,8 Millionen Einwohnerinnen und Einwohner) – sind Metropolregionen gemeint, die funktional verwoben sind. Insbesondere die Arbeitsmärkte der Städte sind eng mit dem Umland verflochten. Aber wo fängt diese Region an, wo hört sie auf? All das muss man im Detail wissen, wenn man ernsthaft vergleichen will. Immer wieder werden daher Stadtregionen gebildet – zu Wien zählen dann plötzlich sehr dünn besiedelte Gebiete im Norden Niederösterreichs, was auch nicht befriedigend ist.

Dennoch: Administrative Stadtgrenzen haben eine Funktion. Innerhalb der Stadtgrenze sind die politischen Organe der Stadt auch zuständig. Innerhalb dieser Grenzen wird gewählt und entschieden. Daher – und weil wir eine Datenabgrenzung brauchen – werden die Städte im Folgenden innerhalb der administrativen Stadtgrenzen betrachtet.[16]

Beginnen wir mit den Großstädten der EU – und zwar ohne London, das mit 8,8 Millionen Menschen lange die größte Metropole der EU war. Zum Zeitpunkt des Verfassens dieses Textes muss allerdings von einem Brexit ausgegangen werden.

Bevölkerung der zehn größten Städte der EU	
Berlin (Deutschland)	3,6 Millionen
Madrid (Spanien)	3,2 Millionen
Rom (Italien)	2,9 Millionen
Paris (Frankreich)	2,2 Millionen
Wien (Österreich)	1,9 Millionen
Hamburg (Deutschland)	1,8 Millionen
Bukarest (Rumänien)	1,8 Millionen
Warschau (Polen)	1,8 Millionen
Budapest (Ungarn)	1,8 Millionen
Barcelona (Spanien)	1,6 Millionen

Quelle: Wikipedia - Liste der größten Städte der EU (21.07.2019)

Unter den zehn größten Städten befinden sich je zwei aus Deutschland und Spanien sowie je eine aus Italien, Frankreich, Österreich, Rumänien, Polen und Ungarn. Platz 11 ist dann übrigens mit München die dritte deutsche Stadt, Köln liegt auf Platz 15 (nach Mailand, Prag und Sofia).[17]

Berlin ist also die größte Stadt der EU – wenn man davon absieht, dass Paris im Großraum 12,5 Millionen Einwohnerinnen und Einwohner hat. Es gibt weitere Probleme: Sofia hat zum Beispiel offiziell 1,2 Millionen Einwohner – wenn man mit Vertretern der Stadtverwaltung spricht, dann sagen diese, dass das am laschen Melderecht liege und die Stadt in Wirklichkeit um die 2 Millionen Einwohner habe. Ob es stimmt? Ich weiß es nicht. Klar ist aber, dass die administrativen Daten die Melderealität abbilden. Ein lascher Vollzug des Melderechtes hat Auswirkungen auf die Daten – in beide Richtungen. Deutsche Städte wurden lange tendenziell überschätzt, bis entsprechende Registerkorrekturen vorgenommen wurden.

In Deutschland gibt es 80 Großstädte mit einer Bevölkerung von über 100 000 Einwohnern, von Berlin über Bergisch Gladbach bis Cottbus. 14 davon haben mehr als 500 000 Einwohnerinnen und Einwohner (Berlin, Hamburg, München, Köln, Frankfurt am Main, Stuttgart, Düsseldorf, Dortmund, Essen, Leipzig, Bremen, Dresden, Hannover und Nürnberg), die größten vier sind Millionenstädte. In Österreich gibt es lediglich sechs Großstädte mit mehr als 100 000 Einwohnerinnen und Einwohner (Wien, Graz, Linz, Salzburg, Innsbruck, Klagenfurt am Wörthersee) und nur eine mit mehr als 500 000, nämlich Wien mit 1,9 Millionen Menschen.

Wien auf der Überholspur
Schauen wir uns nun die Bevölkerungsdaten von Berlin, Wien, Hamburg, München und Köln an. Easy, sollte man denken, aber selbst hier haben wir mit einem erheblichen Datenbruch zu

kämpfen. Wie bereits erwähnt, fand in (West-)Deutschland nach dem Widerstand gegen die Volkszählung ab 1987 keine Volkszählung mehr statt, im Gegensatz zu Österreich gibt es zudem kein zentrales Melderegister. Daher haben die Einführung der Steueridentifikationsnummer sowie die Registerzählung 2011 erhebliche Korrekturen nach sich gezogen. Die Registerzählung samt Korrekturen gab es zwar auch in Österreich – und damit in Wien –, sie fielen hier aber deutlich geringer aus. Man muss also wissen, dass die Bevölkerungszahlen in Deutschland bis 2011 tendenziell überschätzt waren.

Betrachten wir die Daten seit der Wiedervereinigung. Im Zeitraum vom 1. Januar 1990 bis zum 31. Dezember 2017 ist Wien am schnellsten von den deutschsprachigen Millionenstädten gewachsen, nämlich um 26,5 Prozent.

Bevölkerungswachstum deutschsprachiger Millionenstädte 1990–2017					
	Berlin	Wien	Hamburg	München	Köln
01.01.1990	3 409 737	1 492 636	1 626 220	1 206 683	946 280
31.12.2017	3 613 495	1 888 776	1 830 584	1 456 039	1 080 394
Veränderung	**6,0%**	**26,5%**	**12,6%**	**20,7%**	**14,2%**

Quellen: Statistisches Bundesamt Deutschland; Landesbetrieb Information und Technik NRW; Statistisches Landesamt Bayern; Statistisches Amt für Hamburg und Schleswig-Holstein; Statistik Austria.

Die Donaumetropole war 1990 mit 1,49 Millionen Menschen noch deutlich kleiner als Hamburg (1,63 Millionen) und überholte die Hansestadt erst im Jahr 2013. Hamburg ist im Zeitraum bis 2017 lediglich um 12,6 Prozent gewachsen. München hat 20,7 Prozent zugelegt (von 1,21 auf 1,46 Millionen Einwohnerinnen und Einwohner), Köln wurde erst 2011 Millionenstadt. Am gemächlichsten – und das überrascht vielleicht – ist es Berlin angegangen. Die Stadt an der Spree wuchs von 3,41 auf 3,61

Millionen Einwohnerinnen und Einwohner um lediglich 6,0 Prozent. Bei Hamburg und Berlin wurden allerdings enorme Registerkorrekturen vorgenommen (rechnerisch verlor Berlin im Jahr 2011 dadurch fast 135 000 Einwohner, Hamburg über 68 000).

Dennoch: Das Bevölkerungswachstum Wiens ist enorm und sticht auch im europäischen Vergleich hervor. Von den Städten mit mehr als 500 000 Einwohnerinnen und Einwohnern in der EU ist in diesem Jahrtausend lediglich Stockholm schneller gewachsen, vergleichbar mit Wien sind Kopenhagen, Den Haag und Göteborg. Wien hat mit Blick auf die Bevölkerung seit 1990 fünf Metropolen überholt: Hamburg, Bukarest, Warschau, Budapest und Barcelona. Daher werden wir uns die historische Bevölkerungsentwicklung Wiens gesondert ansehen.

It's the economy, stupid
Städteökonomien sind verhältnismäßig schlecht untersucht. Daher wird auf die verfügbaren Daten zurückgegriffen, die teilweise dem Vierten Bericht zur internationalen Wettbewerbsfähigkeit Wiens entnommen sind, der allerdings aus dem Jahr 2015 stammt.

Beginnen wir mit dem Bruttoregionalprodukt der Städte, also der preislich bewerteten Summe aller in einer Region produzierten Güter und Dienstleistungen. Für 2017 liegen bei Eurostat die Daten für Berlin, Wien und Hamburg vor. Das höchste Regionalprodukt pro Kopf hat hier Hamburg (64.300 Euro) vor Wien (49.700 Euro) und Berlin (37.700 Euro). Für Köln (59.000 Euro) und München (74.900 Euro) liegen die Daten lediglich für 2016 vor.

Man sieht hier durchaus gewaltige Unterschiede, die sich differenziert erklären lassen. Einerseits »leidet« Wien bei allen Pro-Kopf-Größen am enormen Bevölkerungswachstum der letzten Jahre, da der Anstieg des Erwerbspotenzials nicht vollständig durch den Arbeitsmarkt absorbiert wurde. Andererseits ist die wirtschaftliche Stärke Münchens unbestritten, ebenso die (teilungsbedingte) Schwäche Berlins.

Neben dem derzeitigen Pro-Kopf-Wert des Regionalproduktes ist auch dessen Entwicklung ein entscheidender Hinweis. Und hier hatte Deutschland eine gute wirtschaftliche Entwicklung: Plus 27,9 Prozent beim BIP zwischen 2008 und 2017, Österreich lag mit plus 25,9 Prozent etwas dahinter zurück.

Bruttoregionalprodukt deutschsprachiger Millionenstädte je Einwohner und Veränderung					
	Berlin 2017	Wien 2017	Hamburg 2017	München 2017	Köln 2017
BRP pro Kopf	€ 37.700	€ 49.700	€ 64.300	€ 74.900	€ 59.000
Wachstum in zehn Jahren	37,2%	22,4%	23,8%	31,1%	27,1%

Quelle: Eurostat; eigene Berechnungen

In den jeweils letzten zehn Jahren (also 2007 bis 2016 für München und Köln beziehungsweise 2008 bis 2017 für die anderen Städte) hatte Berlin das stärkste Wachstum dieser Städte, gefolgt von München. Hamburg und Wien bilden das Schlusslicht der Fünfergruppe. Diese beiden Städte konnten bei den Pro-Kopf-Größen also nicht mit den anderen Metropolen Schritt halten.

Mit Blick auf die Arbeitslosenzahlen hat Deutschland insgesamt in den letzten Jahren eine bessere Entwicklung aufzuweisen als Österreich, was vor allem durch die Zunahme des Arbeitskräfteangebots in Österreich begründet sein dürfte, da – wie gesehen – die Entwicklung der sich in den Arbeitsplätzen niederschlagenden Arbeitskraftnachfrage in Österreich sogar dynamischer war. Dennoch lässt sich konstatieren, dass diese gute Entwicklung auch auf die Städte durchschlägt: Wien hatte 2018 mit 10,0 Prozent die höchste Arbeitslosenquote der deutschsprachigen Millionenstädte, wenngleich diese in den letzten Jahren rückläufig ist. Laut Eurostat lag die Quote in Berlin bei 6,1 Prozent, in Hamburg lediglich bei 4,1 Prozent. Für München und Köln gibt es keine Vergleichsdaten.

Die Daten der nationalen Arbeitsagenturen sind leider nicht miteinander vergleichbar. Für 2018 wird für Berlin eine Arbeitslosenquote von 8,1 Prozent ausgewiesen, Köln kommt auf 7,9 Prozent, Hamburg auf 6,3 und München auf 3,8 Prozent. Wien kann hiermit eben nicht verglichen werden – weil es in Österreich liegt.

Wie kommt es, dass die »nationalen Quoten« für Arbeitslosigkeit höher sind als die durch Eurostat ausgewiesenen? Nun, es gibt unterschiedliche Messkonzepte für Arbeitslosigkeit. Die von Eurostat veröffentlichte internationale Arbeitslosenquote ist eigentlich die ILO-Erwerbslosenquote und wird auf Basis von Umfragen unter allen Personen zwischen 15 und 74 Jahren berechnet (Arbeitskräfteerhebung). Demnach gelten Menschen als erwerbslos, wenn sie nicht erwerbstätig sind, aktiv Arbeit suchen und innerhalb von zwei Wochen für die Arbeitsaufnahme verfügbar sind (sogenanntes Labour-Force-Konzept). Die Quote entspricht dann dem Anteil der Erwerbslosen an den Erwerbspersonen im Alter von 15 bis 74 Jahren. Aufgrund der eingeschränkten Definition von Erwerbslosigkeit (sofortige Verfügbarkeit, bereits Status als nicht erwerbslos, wenn in der Referenzwoche eine Stunde gearbeitet wurde) und tendenzieller Untererfassung von Arbeitslosen bei der Arbeitskräfteerhebung liegt die EU-Quote in der Regel unter der nationalen Arbeitslosenquote (Registerquote).

Diese nationalen Quoten werden in jedem Land anders berechnet, daher sind sie international nicht vergleichbar: In Deutschland etwa gelten Personen erst dann als nicht arbeitslos, wenn sie mehr als 15 Stunden pro Woche arbeiten, sodass die Arbeitslosenquote in der Regel höher ist als die ILO-Erwerbslosenquote. Doch auch in Deutschland sind Berechnungsmethoden zu beachten. So werden circa 160 000 langzeitarbeitslose Personen nicht miteinbezogen: Wer mindestens 58 Jahre alt ist und mindestens seit zwölf Monaten Arbeitslosengeld II (»Hartz IV«) bezieht sowie in dieser Zeit keine sozialversicherungspflichtige Beschäftigung angeboten bekommen hat, gilt nicht als arbeitslos (§ 53a Abs. 2 SGB II).

Trotz aller Definitionsunterschiede: München hat wohl die niedrigste Arbeitslosigkeit, Wien die höchste der verglichenen Städte. Wird nun die Entwicklung der Beschäftigung für Hamburg, Wien und Berlin verglichen, ergibt sich folgendes Bild: Hamburg hat in den letzten zehn Jahren (2009–2018) 10,0 Prozent zusätzliche Beschäftigungsverhältnisse generiert, Wien sogar 14,6 Prozent und Berlin 19,2 Prozent. In Hamburg ist in dieser Zeit die Erwerbslosenquote um 3,1 Prozentpunkte gesunken, in Berlin sogar um 7,6 Prozentpunkte – in Wien stieg sie um 1,3 Punkte an. Während Berlin eine herausragende Entwicklung des Arbeitsmarktes hatte, haben auch Wien und Hamburg gute Werte vorzuweisen. In Wien aber stieg die Arbeitslosigkeit, in den anderen Städten ging sie zurück. Das schauen wir uns später in einem Vergleich mit Hamburg noch genauer an.

Eine interessante Beobachtung soll hier aber nicht verschwiegen werden: die Entwicklung der Niedriglöhne. Eurostat definiert diese als Löhne, die zwei Drittel des Medianeinkommens nicht überschreiten. Das Medianeinkommen ist dabei die Einkommenshöhe, die die beobachtete Gruppe – hier: alle Angestellten ohne Lehrlinge – genau in zwei Gruppen teilt: Die Hälfte der Angestellten liegt mit ihrem Einkommen oberhalb des Medians, die andere Hälfte darunter.

Im Jahr 2014 (es sind leider keine neueren Daten verfügbar) weist Eurostat für Deutschland einen Niedriglohnanteil von 22,5 Prozent aus – Österreich hat im Vergleich lediglich 14,8 Prozent Angestellte im Niedriglohnbereich. Das ist ein enormes

Problem insbesondere in Deutschland, dem viel mehr Aufmerksamkeit gewidmet werden müsste (wie überhaupt der Datenverfügbarkeit zu Verteilungsfragen). Innerhalb der EU haben damit nur die baltischen Staaten, Rumänien und Polen einen höheren Niedriglohnsektor als Deutschland. In diesen Ländern sind die Werte zudem rückläufig, wohingegen sie in Deutschland steigen. Dies könnte – bei aller Vorsicht – ein Hinweis darauf sein, dass die Ausweitung der Beschäftigung mit einer Polarisierung am Arbeitsmarkt einhergegangen ist. Deutschland hat – trotz der Hochkonjunktur – auch bedeutend mehr befristete Beschäftigungsverhältnisse (9,8 Prozent) als Österreich (6,0 Prozent).

Löhne, Preise und ein Big Mac
Die Schweizer Bank UBS vergleicht weltweit Löhne, Kaufkraft, Büromieten und anderes mehr. Dabei bildet die Bank einen Index und setzt New York auf 100. Mit 90 Punkten liegt eine Stadt demnach 10 Prozent hinter New York (was gut oder schlecht sein kann, je nachdem, worum es geht).

Bei den Preisen sind Berlin, Wien und München (Hamburg und Köln werden nicht angeführt) relativ günstig:

Preise in Berlin, Wien und München			
	Preise	Wohnen	Essen	Öffentl. Verkehr
Berlin	79,8	30,2	74,0	108,2
Wien	83,0	32,4	88,4	97,0
München	83,0	47,9	84,5	136,9

Quelle: UBS; New York = 100

Bei den Preisen insgesamt ist Berlin mit 79,8 Punkten etwas günstiger als Wien und München mit jeweils 83,0 Punkten. Werden einzelne Preise betrachtet, so zeigt sich, dass Berlin und Wien beim Wohnen nicht einmal ein Drittel des New Yorker Preisniveaus erreichen, München ist hier deutlich teurer (47,9) – aber dennoch nur halb so teuer wie New York; beim Essen ist Berlin (74,0) am günstigsten von den drei Städten, Wien (88,4) ist etwas teurer als München (84,5). Auch interessant: Beim öffentlichen Verkehr sind München (136,9) und Berlin (108,2) teilweise deutlich teurer als New York, Wien liegt bei 97,0.

Entscheidend sind aber nicht nur die Preise, sondern auch das Einkommen, mit dem man die Preise bezahlen kann oder muss. Wenn das Dreifache verdient wird, dann sind doppelt so hohe Preise noch immer günstig. Bei den Einkommen schneidet Wien am besten ab: Mit 89,7 liegt Wien zwar hinter New York und deutlich hinter dem führenden Genf (131,5), aber vor München (86,3) und Berlin (77,3). Bei der Kaufkraft schließlich führen Los Angeles, Zürich und Miami. München liegt mit einem Wert von 99,1 auf Platz 11, Berlin auf Platz 15, Wien auf Platz 16 der 77 betrachteten Städte. Die drei deutschsprachigen Millionenstädte liegen demnach sehr eng beieinander.

Einkommen und Kaufkraft in Berlin, Wien und München			
	Einkommen	Kaufkraft	Big-Mac-Index (in Minuten)
Berlin	77,3	91,6	18,4
Wien	89,7	90,9	17,9
München	86,3	99,1	16,3

Quelle: UBS, New York = 100

Diese Informationen verarbeitet UBS nun auch zu einem Big-Mac-Index. Dieses Maß muss zwar einerseits mit Augenzwinkern gesehen werden, andererseits hat es eine gewisse Aussagekraft. Da der Big Mac ein homogenes Gut ist, also überall die gleiche Qualität aufweist, kann er näherungsweise herangezogen werden, um zu zeigen, wie viel die Menschen arbeiten müssen, um sich etwas leisten zu können (Kombination aus Löhnen, Arbeitszeit und Preisen). Klar – wer in München wohnt, muss bedeutend mehr Miete bezahlen als in einem Wiener Gemeindebau, und es bleibt dann weniger Geld für Nahrungsmittel. Schauen wir uns dennoch den Big-Mac-Index an.

Wie lange muss man also im Durchschnitt arbeiten, um sich einen Big Mac leisten zu können? In München sind es 16,3 Minuten, in Wien 17,9 Minuten, in Berlin 18,4. Diese Werte liegen relativ eng beieinander: In Hongkong benötigt man lediglich 11,8 Minuten, in Nairobi mit 133,8 Minuten deutlich mehr als zwei Stunden. Aber auch in Budapest braucht man mit 55,6 Minuten doch bedeutend länger als in den deutschsprachigen Millionenstädten.

Schulden
Nichts wird so gerne diskutiert wie Staatsschulden. Und wenig so dogmatisch. Selten wird die Frage gestellt, wann Schulden zielführend sind – und wann nicht. Vielmehr unterliegen sie dem moralischen Werturteil, irgendwie nicht gut zu sein. Das ist ökonomisch nicht haltbar, denn wenn der Ertrag aus den Schulden (Wachstum, Steuereinnahmen) höher ist als ihre Kosten (also die Zinszahlungen), dann ergeben Schulden Sinn. Im umgekehrten Falle nicht. Die Zahlen – so scheint mir – spielen aber keine Rolle in der Debatte, weil jeder Schuldenanstieg negativ konnotiert ist, selbst dann, wenn der Schuldenstand in Relation zum BIP sinkt. Und das ist die relevante Größe: Wie hoch sind meine Schulden in Relation zu meiner Wirtschaftskraft? Denn dass sich Deutschland absolut höher verschulden kann als Österreich, ist allein aufgrund der Größe – auch der Wirtschaft – logisch.

Internationale Schuldenvergleiche sind schwierig – und so ist auch der Vergleich zwischen den fünf Städten nur eingeschränkt möglich. Berlin, Wien und Hamburg müssen die Aufgaben eines Bundeslandes und einer Gemeinde vollziehen (und finanzieren), weshalb bei Köln und München anteilig die Landesschulden dazugerechnet werden müssen. Aber auch dann: In Deutschland sind beispielsweise Hochschulen Ländersache, in Österreich Bundessache – das gilt auch für andere Aufgaben. Und auch die Einnahmen entstehen unterschiedlich, da hier auch jeweils nationale Verteilungsmechanismen zum Tragen kommen. Dennoch, hier die Daten:

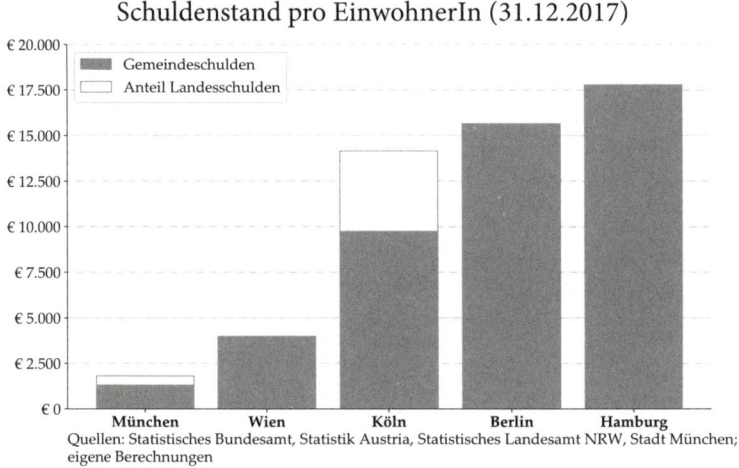

Schuldenstand pro EinwohnerIn (31.12.2017)

Quellen: Statistisches Bundesamt, Statistik Austria, Statistisches Landesamt NRW, Stadt München; eigene Berechnungen

Es zeigt sich: München hat vor Wien pro Kopf die mit Abstand geringsten Schulden auf Ebene der Länder und Gemeinden. Hamburg hat hier den zehnfachen Wert von München. Aber noch einmal: Ob diese Schulden vernünftig eingesetzt wurden und werden, lässt sich anhand der reinen Zahlen nicht beurteilen. Bei Vergleichen ist insbesondere dann immer Vorsicht geboten, wenn der Kontext nicht beachtet und einzelne Zahlen gegenübergestellt werden: Diese Vergleiche können meistens so ausgewählt werden, dass die jeweils eigene Meinung bestätigt wird.

Stärken, Schwächen, Ähnlichkeiten

Berlin, Wien, Hamburg, München und Köln – jede dieser Städte kann enorme Stärken vorweisen, steht aber oft auch vor spezifischen Herausforderungen. In aller Kürze sollen hier ein paar Punkte herausgearbeitet werden.

Münchens Stärke hat seinen Preis

München hat sowohl im Bestand als auch in der Dynamik eine beeindruckende wirtschaftliche Leistung vorzuweisen: Das Regionalprodukt pro Kopf liegt deutlich über den anderen Städten. München hat fast den doppelten Wert Berlins, ein Plus von 50 Prozent gegenüber Wien und noch immer 16,5 Prozent mehr als Hamburg. Das ist gewaltig.

München profitiert dabei auch von der Vergangenheit. Dieses Erbe wurde gut weiterentwickelt und hat München zu einem der ökonomischen Zentren in Europa gemacht. Mit der Allianz, BMW und der Münchner Rück sowie Siemens haben vier der 30 DAX-Konzerne ihren Sitz in der bayerischen Metropole. Siemens gibt als zweiten Firmensitz Berlin an – und ist damit der einzige DAX-Konzern in der deutschen Hauptstadt. Hamburg hat Beiersdorf, Köln die Lufthansa.

München hat hier also einiges zu bieten – und dabei durchaus von der deutschen Teilung profitiert. Insbesondere Siemens ist eine Berliner Gründung, erst nach dem Ende des Zweiten Weltkriegs und mit der Berliner Blockade 1948 wurde die Zentrale auch nach München (und teilweise Erlangen) verlegt. Das hat für einen Standort enorme Auswirkungen, hat doch auch die Bosch und Siemens Hausgeräte GmbH nun die Zentrale in der bayerischen Hauptstadt. Auch die Allianz-Versicherungen, die zwar eine Münchner Geschichte haben, übersiedelten ihre Zentrale erst mit der Berliner Blockade von Berlin nach München (zurück). Die Münchner Rückversicherung ist ein Konzern aus München, und BMW hat eine Münchener, aber auch eine

Eisenacher Geschichte. Aus diesen historischen Begebenheiten hat München in der Folge viel gemacht.

Hinzu kommen die herausragenden Hochschulen in München. Insbesondere die TU München hat sich früh der Wirtschaft und deren Bedürfnissen geöffnet – unter der deutlichen Kritik studentischer Verbände. Die Frage, was Hochschulbildung leisten kann und soll, ist nicht Gegenstand dieses Textes – aber klar ist, was München zweifelsohne gelungen ist: ein enormes Potenzial im Bereich hochschulischer und eben auch betrieblicher Forschung kombiniert mit starken Unternehmen in der Stadt zu halten beziehungsweise anzuziehen.

Und wie immer bei großem wirtschaftlichem Erfolg ziehen gute Arbeitsplätze und gute Hochschulen auch zahlreiche Menschen an. Die Konsequenzen sind nicht immer nur erfreulich, zumal wenn die Infrastruktur nicht mitwächst – der überspannte Münchener Wohnungsmarkt ist legendär. Tatsächlich stellt sich hier zunehmend die Frage, wer sich das Wohnen in der Stadt eigentlich noch leisten kann. Laut F+B-Mietspiegelindex belaufen sich die Neuvertragsmieten in München auf 17 Euro pro Quadratmeter. In Hamburg sind es 10,60 Euro, in Köln 10,10 Euro und in Berlin 9,50 Euro. Wien ist in diesen Daten leider nicht enthalten.

Hamburg und Wien – ähnliche und doch unterschiedliche Entwicklung

Wien profitiert in der Frage der Mietpreise zweifelsohne davon, dass etwa 60 Prozent der Wienerinnen und Wiener entweder im Gemeindebau (im Eigentum der Stadt) oder im geförderten Wohnbau wohnen. Aber auch für Wien gilt: Die enorme wirtschaftliche Dynamik hat Menschen angezogen und setzt dem Mietmarkt zu. Dabei spielt die jüngere Entwicklung Europas für Wien eine zentrale Rolle. Durch den EU-Beitritt zahlreicher Staaten, die (jedenfalls teilweise und zeitweise) zur alten österreichisch-ungarischen Monarchie gehörten, konnte Wien kulturelle Bindungen und das Vorhandensein von Sprachkenntnissen gut für seine Wirtschaft nutzen. Gleichzeitig fungiert Wien aber auch (wieder) als Magnet, der die Bevölkerung aus Osteuropa und aus Deutschland anzieht. Diese enorme Dynamik muss auf dem Arbeitsmarkt noch verarbeitet werden.

Auch Hamburg zeichnet sich traditionell durch eine starke Wirtschaft aus, der Hafen sei hier als wichtiger Faktor und Sinnbild für den Handel genannt. Das Bruttoregionalprodukt (BRP) pro Kopf kommt zwar nicht ganz an München heran, ist aber dennoch enorm hoch. Der Arbeitsmarkt brummt, zumindest hat die Hansestadt eine niedrige Arbeitslosigkeit. Und hier wird der Vergleich mit Wien spannend. Erinnern wir uns an die Daten:

Entwicklungen in Hamburg und Wien 2009–2018				
	BRP 2008–2017	Beschäftigung	Arbeitslose	Bevölkerung 15–64 Jahre
Hamburg	23,8%	10,0%	–39,4%	1,5%
Wien	22,4%	14,6%	32,2%	12,1%

Quelle: Eurostat; eigene Berechnungen

Während die wirtschaftliche Entwicklung in den beiden Städten fast parallel verlief, war Wien bei der Schaffung von Arbeitsplätzen erfolgreicher. Die Entwicklung der Arbeitslosigkeit unterscheidet sich jedoch stark: Sie ist in Hamburg deutlich zurückgegangen und in Wien erheblich gestiegen. Der Grund liegt in der Entwicklung der Bevölkerung im Erwerbsalter: Wien boomt hinsichtlich der Anzahl an Personen im erwerbsfähigen Alter (+12,1 Prozent), Hamburg stagniert mit einem leichten Plus von 1,5 Prozent beinahe. Was kurzfristig eine Belastung für den Wiener Arbeitsmarkt ist, kann sich mittel- und langfristig durchaus als Stärke erweisen, wird doch bereits heute in zahlreichen Regionen das Arbeitskräfteangebot knapp. Wenn es Österreich und Wien gelingt, diese Menschen hinreichend zu qualifizieren beziehungsweise deren Qualifikation zu nutzen, dann ist das ein enormes Potenzial. Wenn es gelingt. Und das hängt nicht zuletzt von funktionierenden öffentlichen Institutionen ab.

»Dickes B«

Berlin spielt eine Sonderrolle. Erstens ist es mit Abstand die größte der betrachteten Städte, und zweitens trägt Berlin Chance und Risiko der Wiedervereinigung. Natürlich, die Wiedervereinigung hat zu enormen Schocks für die ostdeutsche (und Ostberliner) Wirtschaft geführt. Gleichzeitig war die Teilung der Grund, warum Berlin Konzerne wie Siemens oder die Allianz an München verloren hat. Andererseits konnte Berlin damit viele Entscheidungen neu treffen – der Platz der ehemaligen innerdeutschen Mauer konnte ebenso erschlossen werden wie das Tempelhofer Flugfeld (auch wenn man sich hier gegen Wohnbau entschieden hat). »Arm, aber sexy« – die Aussage des Altbürgermeisters Wowereit brachte die Stimmung ganz gut auf den Punkt. Und Berlin hinkt tatsächlich beim BRP pro Kopf noch immer deutlich hinter den Vergleichsstädten her. Allerdings hat Berlin enorm aufgeholt; das BRP wuchs um 37 Prozent in zehn Jahren und damit deutlich schneller als in Hamburg oder Wien.

Berlin rühmt sich mit schnellem Wachstum, und tatsächlich ist die Anzahl der Beschäftigungsverhältnisse binnen zehn Jahren um 19,2 Prozent gestiegen. Das ist beachtlich, und da in Berlin die Bevölkerung im Erwerbsalter kaum gewachsen ist (+2,7 Prozent), ist die Arbeitslosigkeit deutlich zurückgegangen (−51,5 Prozent bei den Arbeitslosen!). Berlin hat sich damit aus einer veritablen Krise herausgewirtschaftet, galt die Stadt doch als wirtschaftlich chronisch schwach. Auch heute hat Berlin noch einige Probleme, und die Stadt bekommt langsam, aber sicher einen anziehenden Wohnungsmarkt zu spüren. Insgesamt ist die Entwicklung aber beeindruckend.

Future, Future!

Keine Debatte kommt heute um die Erkenntnis herum, dass sich die Wirtschaft in einem tief greifenden Wandel befindet. Einerseits wird das Thema Ressourcenschonung immer wichtiger, andererseits wandeln sich die Produktionsbedingungen etwa durch das Internet of Things (die Vernetzung von Menschen, intelligenten Dingen und Maschinen) oder die Industrie 4.0 (dem verstärkten Einsatz von digitalen und vernetzten Technologien). Schließlich sind Städte von teilweise enormen Urbanisierungsprozessen geprägt. Die Frage eines neu entstehenden Proletariates (etwa in den Bereichen Transport von Menschen, Paketen und Essen, bei den Clickworkern usw.) wird oft noch nicht einmal gestellt. Insgesamt werden die Antworten in Bildung und Forschung gesucht – schauen wir uns an, was »unsere« Städte hierzu beitragen.

Kindergärten

Die Kinderbetreuungsquoten sind auf Ebene der Bundesländer bei Statistik Austria beziehungsweise dem Statistischen Bundesamt verfügbar, nicht aber für Städte (Köln, München).

Kinderbetreuungsquoten 2018		
	0 bis 2 Jahre	3 bis 5 Jahre
Wien	44,0 Prozent	93,2 Prozent
Hamburg	44,0 Prozent	89,5 Prozent
Berlin	43,9 Prozent	92,4 Prozent

Quellen: Statistisches Bundesamt; Statistik Austria

Die drei Städte unterscheiden sich beim Anteil der Kinder in Kindergärten kaum. Lediglich bei den 3- bis 5-Jährigen fällt Hamburg etwas zurück.

In Wien sind die Kindergärten gebührenfrei – es ist nur ein kleiner Beitrag für das Essen zu bezahlen. Zudem sind die städtischen Kindergärten meist zwischen 6 und 18 Uhr offen und haben wenige Schließtage. In Berlin müssen nach einer Studie der Bertelsmann Stiftung 2 Prozent des Nettohaushaltseinkommens für die Kinderbetreuung aufgewendet werden, was der niedrigste Wert aller deutschen Bundesländer ist. In Hamburg sind es bereits 4,3 Prozent. Für München und Köln liegen die Daten nicht vor, in Bayern sind es aber 5,9 Prozent und in Nordrhein-Westfalen sogar 6,6 Prozent des Haushaltsnettoeinkommens.

Die Debatte, ob Kindergärten als erste Bildungseinrichtung gebührenfrei sein sollten, ist nicht neu. Es gibt soziale Staffelungen, die aber eine gewisse Administration nach sich ziehen. Wien hat sich entschieden, ganz auf Gebühren zu verzichten. Damit trägt die Allgemeinheit diese Einrichtungen über Steuern vollständig, und es wird von Kinderlosen zu Menschen mit Kindern umverteilt.

Akademikerquote und Studierende
Betrachtet man die 25- bis 64-jährige Bevölkerung und verwendet die internationalen Klassifikationen (ISCED-Stufen 5 und mehr, ISCED = International Standard Classification of Education), dann haben nach den Daten von Eurostat 32,3 Prozent der 25- bis 64-jährigen Bewohner der Europäischen Union einen Tertiärabschluss. Diese Klassifikation enthält allerdings auch Abschlüsse, die in Deutschland und Österreich nicht an einer Hochschule erworben werden, etwa Fachschulausbildungen, Meister und Fachwirte sowie Berufsakademien. Dennoch: Die Einteilung ist so gewählt, um Ausbildungsniveaus international

vergleichbar zu machen, unabhängig von der jeweiligen Form der Ausbildung.

In Wien liegt der Anteil der Bevölkerung im Erwerbsalter mit Tertiärabschluss bei 42,3 Prozent und ist in den vergangenen Jahren enorm gestiegen. Berlin kommt auf 42,1 Prozent, Hamburg auf 36,9 Prozent. Alle Städte hatten in den letzten fünf Jahren einen Anstieg zwischen drei und sechs Prozentpunkten zu vermelden. Wien und Berlin sind in den letzten Jahren an anderen Metropolen vorbeigezogen und haben einen nennenswerten und deutlich überdurchschnittlichen Anteil hoch qualifizierter Arbeitskräfte.

Die Anzahl der momentan Studierenden ist nicht ganz einfach zu vergleichen, da die Bereinigung um Doppeleinschreibungen schwierig und die Datenqualität doch recht unterschiedlich ist. Wenn alle Studien zusammengezählt werden, die in Wien belegt werden, kommt man auf über 199 000. Allerdings sind hier Doppelinskriptionen enthalten. Dennoch: Auffällig ist, dass Wien aber vermutlich doch knapp vor Berlin liegt, obwohl Berlin erheblich größer ist. Beide Städte dürften bereinigt jeweils über 185 000 Studierende haben, Hamburg folgt mit etwa 107 000 vor Köln mit über 100 000 und München mit etwa 85 000 Studierenden im Wintersemester 2017 / 18.

Und Wien hat – was in der Statistik noch nicht vermerkt ist – im Herbst 2019 eine weitere private Hochschule hinzubekommen. Aufgrund der antisemitischen Tiraden der ungarischen Regierung und der politischen Einschränkungen ihrer Tätigkeiten hat die Central European University Budapest (zunächst teilweise) verlassen und Wien als neuen Standort gewählt.

Forschung und Entwicklung
Neben den Studierenden liegt Wien auch bei Forschung und Entwicklung vorne: Wien hatte 2015 eine Forschungsquote

(also Forschungsausgaben in Relation zum BIP) von 3,66 Prozent, München lag bei 3,52 Prozent, Berlin hatte 2016 mit 3,49 Prozent einen etwas geringeren Wert, Hamburg kommt auf 2,22 Prozent, was bedeutend weniger ist. Für Köln liegen die entsprechenden Informationen nicht vor.

In Wien sind zudem 4,9 Prozent der Erwerbstätigen in Forschung und Entwicklung tätig. In Berlin sind dies 2,7 Prozent, in Hamburg 2,5 Prozent. Berlin hat über 33 000 Beschäftigte (in Vollzeitäquivalenten) in Forschung und Entwicklung, Wien (das halb so groß ist) über 21 000 und Hamburg knapp 16 000. Diesen Eurostat-Daten ist die große Bedeutung von Forschung und Entwicklung an allen drei Standorten zu entnehmen, wobei Wien hier heraussticht.

Eine Studie von Lasinger et al. kommt auf Basis der Beschäftigtenzahlen in Köpfen zu der Aussage, dass Wien mit 45 644 Beschäftigten in diesem Bereich vor München (39 641 Köpfe) und Berlin (35 372 Köpfe) liegt. Die Daten machen auch deutlich: Wien ist Forschungs- und Wissensstadt und im Bereich der öffentlichen Forschung exzellent sowie bei der betrieblichen Forschung gut aufgestellt.

Es lassen sich noch jede Menge weitere Daten zu den Städten finden – Kongresse (Wien top), Tourismus (Berlin top) und die Flughafenpassagiere (München top). Zum Schluss dieses Kapitels soll es aber um das Wichtigste gehen: Wie zufrieden sind die Menschen in den Städten?

Zufriedenheit in den Millionenstädten

Eurostat erhebt – leider nicht sehr oft – zahlreiche Punkte der Zufriedenheit in den Städten der Europäischen Union. Die aktuellsten Daten stammen aus dem Jahr 2015 und sind vom Umfang sehr detailliert, sodass hier nur wenige Punkte exemplarisch dargestellt werden können. Dabei ist immer der Prozentsatz der Einwohnerinnen und Einwohner angegeben, die sehr oder eher zufrieden sind. Zum Vergleich wird die Stadt mit der höchsten Zustimmungsrate angegeben und die Platzierung von Berlin, Wien, Hamburg und München ebenfalls genannt. Die Kölnerinnen und Kölner wurden von Eurostat leider nicht befragt.

Sehr oder eher zufrieden sind … Prozent der EinwohnerInnen mit (in Klammern: Platz)					
	Platz 1	Berlin	Wien	Hamburg	München
Öffentlicher Nahverkehr	Wien (95%)	84% (16)	95% (1)	88% (5)	86% (8)
Schulen	Groningen & Rennes (88%)	53% (90)	71% (37)	60% (78)	63% (66)
Gesundheits-versorgung	Münster (93%)	80% (49)	88% (24)	85% (38)	89% (19)
Grünflächen	Ventspils (98%)	85% (42)	93% (7)	92% (11)	95% (3)
Sportanlagen	Oulu & Münster (85%)	60% (75)	68% (53)	65% (62)	70% (45)
Kultureinrich-tungen	Wien (97%)	87% (33)	97% (1)	89% (20)	92% (8)
Öffentlicher Raum	Ventspils (97%)	78% (64)	88% (13)	88% (13)	89% (7)
Zustand Straßen und Gebäude	Stock-holm (90%)	59% (67)	88% (4)	60% (64)	82% (14)

Quelle: Eurostat; eigene Berechnung; eigene Darstellung

Beginnen wir mit der allgemeinsten Frage: Der Aussage »Ich lebe gerne in dieser Stadt« stimmen große Teile der Bevölkerung sehr oder eher zu: In Hamburg und München sind es 97 Prozent (Platz 4), in Wien 96 Prozent (Platz 14), in Berlin hingegen lediglich 91 Prozent (Platz 70). Aalborg, Vilnius und Belfast teilen sich Platz 1 mit 98 Prozent, Athen und Palermo liegen mit 67 Prozent auf dem letzten (geteilten) 100. Platz.

Es lassen sich ein paar Details herausarbeiten, einige der Ergebnisse sind in der Tabelle oben zusammengefasst.

Die Zustimmungswerte sind insgesamt relativ gut, wobei Wien und München besser abschneiden und Berlin in einigen Kategorien zurückfällt. Insbesondere bei der Infrastruktur hinken die deutschen Städte hinterher (Nahverkehr auf hohem Niveau, Schulen, Zustand von Straßen und Gebäuden, aber auch Sportanlagen). Ob dies mit der langjährigen und inzwischen stark diskutierten Investitionszurückhaltung in Deutschland (zugunsten der »schwarzen Null«) zu tun hat, bleibt offen, die Zufriedenheitswerte sind aber in Deutschland tendenziell gesunken. Es ist demnach durchaus möglich, dass die Zurückhaltung bei den öffentlichen Investitionen langsam für die Bevölkerung spürbar wird.

I wanna be your number 1

Insgesamt sind die Millionenstädte im deutschen Sprachraum alle gut aufgestellt, es lassen sich aber Nuancen erkennen. Lebensqualität und Kultur und – damit verbunden – Zufriedenheit dürften in Wien und München am stärksten ausgeprägt sein. Wirtschaftlich hat München die Nase vorne, bei Forschung und Entwicklung Wien und ebenfalls München. Der Bildungsstand ist in Wien am besten – aber auch Berlin hat hier exzellente Werte, die Dynamik auf dem Arbeitsmarkt überzeugt in Berlin.

Letztlich ist aber klar, dass alle fünf Städte enorme Qualitäten haben. Spannend wird zu beobachten sein, wie sich die

Zufriedenheit mit der Infrastruktur in deutschen Städten entwickelt. Hier hat Wien aufgrund der pragmatischen Investitionspolitik und München wegen des Wohlstandes offenbar deutliche Vorteile gegenüber Hamburg und Berlin (für Köln liegen hier zu wenige Daten vor).

TEIL II - EINE REISE DURCH ÖSTERREICH

EINE ZUGFAHRT –
ODER DEMOGRAFIE IN A NUTSHELL

Nun haben wir Österreich und Deutschland verglichen, und wir haben uns die Millionenstädte im deutschen Sprachraum angesehen. Es wird Zeit, sich etwas detaillierter mit Österreich zu befassen. Los geht es mit einer Reise durch Österreich, danach schauen wir uns anhand des Textes der Nationalhymne verschiedene Entwicklungen in Österreich an.

Eine Zugfahrt, die ist lustig
8 Stunden und 16 Minuten. So lange braucht die schnellste öffentliche Verbindung zwischen den beiden Landeshauptstädten Bregenz und Eisenstadt – mit Umstieg in Wien. Die Entfernung zwischen der westlichsten und östlichsten Landeshauptstadt Österreichs beträgt Luftlinie rund 510 Kilometer, die Fahrtstrecke mit dem Auto etwa 670 Kilometer. Die Fahrt zwischen Bodensee und ungarischer Grenze ist durchaus idyllisch, und der Blick aus dem Fenster lohnt sich. Man hält in den Alpenmetropolen Langen am Arlberg, Imst-Pitztal und Trumau, man kommt beim »Ötzi« vorbei (»Ötztal Bahnhof«), genießt einen Blick auf die Nordkette, die Festung Hohensalzburg, das Salzkammergut und Schloss Schönbrunn. Dabei macht man einen kurzen Abstecher durch Deutschland und fährt durch sieben der neun österreichischen Landeshauptstädte, nämlich Bregenz, Innsbruck, Salzburg, Linz, St. Pölten, Wien und Eisenstadt. Es fehlen lediglich Klagenfurt und Graz. Und je nachdem, wen man im Zug beziehungsweise Bus so trifft, kann eine sol-

che Fahrt doch recht unterhaltsam sein. Aber: Man verpasst – jedenfalls durchschnittlich – doch so einiges auf der langen Fahrt vom Westen in den Osten. Denn die Bevölkerung Österreichs verändert sich auch in 8:16 Stunden durchaus beachtlich: Während wir uns (gedanklich) aus den Hochalpen in Richtung Donau bewegen, um schließlich in Eisenstadt anzukommen, werden 44 Ehen geschlossen und 16 geschieden. Klar, je nach Jahreszeit und Wochentag sind es deutlich mehr oder weniger Hochzeiten. 2018 wurden die meisten Ehen im August geschlossen, die wenigsten im Januar. Das ist wenig überraschend und ein durchaus übliches Muster.

In der gleichen Zeit werden in Österreich 81 Babys geboren – im Durchschnitt. Denn wir wissen, dass sich Geburten nicht gleichmäßig über die Tage verteilen, sondern am Wochenende weniger Kinder geboren werden als unter der Woche. Der Grund dürfte sein, dass geplante Geburten (geplante Kaiserschnitte) eher an Werktagen durchgeführt werden. 80 Menschen sterben während unserer Zugfahrt, sodass Österreich – wenn wir in Eisenstadt angekommen sind – insgesamt eine Einwohnerin oder einen Einwohner mehr aufgrund der natürlichen Bevölkerungsbewegung hat.

Es wird also geheiratet, geschieden, geboren und gestorben. Und Menschen siedeln – in eine andere Wohnung, eine andere Stadt oder gar ein anderes Land. Wie dynamisch es zugeht in Österreich, sieht man beispielsweise daran, dass es während der 8:16 Stunden langen Reise 1 003 Übersiedlungen nach, aus und in Österreich gibt. Die große Mehrzahl davon sind Umzüge innerhalb des Landes: 758 Menschen finden während der Bahnfahrt ein neues Zuhause. Gut, dass in der gleichen Zeit auch 57 Wohnungen in Österreich fertiggestellt worden sind.

Hinzu kommt die Außenwanderung: 140 Menschen ziehen während der imaginären Zugfahrt aus dem Ausland nach Österreich. Davon kommen 83 aus der EU, die derzeit größte Gruppe kommt aus Rumänien (während der Reise kommen 18) vor den Deutschen, von denen 16 zuwandern. Zudem wandern 14 österreichische Staatsbürgerinnen und Staatsbürger zurück nach Österreich. Gleichzeitig verlassen aber auch 106 Menschen das Land – die größte Gruppe sind (fast logisch) Österreicherinnen und Österreicher. Während der Zugfahrt wandern 19 Österreicherinnen bzw. Österreicher aus, zudem verlassen 53 Personen mit einer EU-Staatsbürgerschaft das Land, die größten Gruppen kommen auch hier aus Deutschland und Rumänien.

Hochzeiten und Scheidungen, Geburt und Tod – der »Circle of Life« findet immer statt. In den gut acht Stunden der Reise vom äußersten Westen in den äußersten Osten des Landes gibt es übrigens auch 35 Unfälle auf der Straße mit 44 Verletzten – aber zum Glück weniger als einen Toten. Und damit beenden wir unsere Reise in Eisenstadt, der Landeshauptstadt mit den wenigsten Einwohnerinnen und Einwohnern, nämlich 14 637, gefolgt von Bregenz mit 29 762 – wir sind also zwischen den kleinsten Landeshauptstädten des Landes gereist. Schauen wir uns die Entwicklungen genauer an.

Historische Bevölkerungsentwicklung in Österreich

Die Bevölkerungsentwicklung in Österreich war in den letzten 150 Jahren relativ unspektakulär. Zwischen der Volkszählung 1869 und 1890 wuchs die Bevölkerung von rund 4,5 Millionen auf 5,4 Millionen Menschen. 1910 – dem Jahr, in dem Wien seinen historischen Bevölkerungshöchststand erreicht hat – lebten dann 6,7 Millionen Menschen auf dem Gebiet des heutigen Österreichs. Danach stieg die Einwohnerzahl nur sehr gemächlich und erreichte 1961 die 7 Millionen. Im Jahr 2000 wurden die 8 Millionen überschritten, Anfang 2019 waren es schließlich 8,9 Millionen Menschen, die in Österreich lebten. Es gab also einen zunächst stärkeren, dann gemächlichen Bevölkerungsanstieg, der in den vergangenen Jahren wieder an Dynamik gewonnen hat. Die Daten liegen mit Ausnahme der letzten Jahre immer nur für den Zeitpunkt der jeweiligen Volkszählung vor. Der Verlauf der Bevölkerungszahlen war also nicht so glatt, wie in der Abbildung dargestellt. Die Linien verbinden nur die Punkte der Volkszählungen miteinander.

Bevölkerungsentwicklung in Österreich 1869–2019

Quelle: Statistik Austria; eigene Berechnungen. Fehlende Jahreszahlen wurden linear fortgeschrieben

Die Zeitreihe beginnt kurz nach der Schlacht bei Königgrätz (1866). Durch die Niederlage im Deutschen Krieg – es sind wohl 400 000 Soldaten beteiligt – verliert Österreich seine Vorherrschaft im Deutschen Bund, und Preußen setzt die kleindeutsche Lösung ohne die Habsburger durch: 1871 wird das Deutsche Reich gegründet. Zwischen 1867 und 1873 folgt die Gründerzeit: Wien, Graz und andere Gebiete in Österreich blühten wirtschaftlich auf. Die Industrialisierung ist auch in Österreich nicht mehr aufzuhalten. Die erste Zugstrecke mit einem Dampfantrieb war bereits in den 1830er-Jahren gebaut worden – wenn auch nicht von Bregenz nach Eisenstadt, sondern von Floridsdorf nach Deutsch-Wagram.

Nach dem Ende der Napoleonischen Kriege 1815 ist ein Binnenmarkt in Österreich entstanden, und die technischen Entwicklungen ziehen enorme Produktivitätssteigerungen nach sich. All das führt zusammen mit der relativ friedlichen Periode zu einem starken Wirtschaftsaufschwung und kulminiert im Jahr 1873: Die Hochquellenleitung nach Wien wird eröffnet, die Weltausstellung in Wien findet statt, und es kommt zum Wiener Börsencrash (»Gründerkrach«), der in einer zwanzigjährigen Stagnation mündet. In der Kultur hat sich beispielsweise die »Ewigkeitsgasse« von Frederic Morton mit dieser Zeit befasst: Der Dorfschmied Berek Spiegelglas aus diesem wunderbaren Buch kommt 1873 nach Wien. Ebenfalls um 1873 beginnt die systematische wissenschaftliche Auseinandersetzung mit der Bakteriologie, gemeinsam mit Hygienemaßnahmen sorgt dies für eine massiv steigende Lebenserwartung, was die Bevölkerungszahlen anwachsen lässt.

1910 ist Wien mit 2,08 Millionen Einwohnerinnen und Einwohnern die fünftgrößte Stadt der Welt – als Hauptstadt der K.-u.-k.-Monarchie; es folgten der Erste Weltkrieg, der Zusammenbruch von Österreich-Ungarn und die Ausrufung der Republik. Mit dem Ende des Ersten Weltkriegs 1918 wütete die Spanische Grippe, die weltweit bis zu 50 Millionen Todesopfer gefordert haben dürfte – zur »schenen Leich« später mehr.

Die Zwischenkriegszeit ist in Österreich durch erhebliche Unruhen geprägt – Attentatsversuche gibt es etwa auf den christlich-sozialen Bundeskanzler Seipel und die Sozialdemokraten Zipperer und Seitz. Letzterer war Bürgermeister in Wien. Damals befindet sich die »schwarze« Bundesregierung in stetiger Auseinandersetzung mit dem »Roten Wien«, das 1919 begonnen hatte, die Probleme des jungen Bundeslandes zu lösen – man denke an Hygiene- und Bildungsmaßnahmen, den berühmten Wiener Gemeindebau usw.

Es folgen die Auseinandersetzungen zwischen faschistischen und sozialdemokratischen Kräften, die in den Februarkämpfen 1934 gipfeln, und der Anschluss Österreichs an Nazideutschland 1938. Schließlich der Zweite Weltkrieg, die Niederlage des Faschismus mit der Teilung Berlins und Wiens und die Rückkehr zur Republik.

Es folgen für die Migration nach Österreich relevante Ereignisse: 1956 kommt es zum ungarischen Volksaufstand, 1968 zum Prager Frühling, und schließlich wird in den 1980er-Jahren das Kriegsrecht in Polen verhängt. Dem Zerfall Jugoslawiens folgen dann in den 1990er-Jahren Nachfolgekriege, 1995 tritt Österreich der Europäischen Union bei – all das löste Wanderungsbewegungen aus.

Das ist – sehr verkürzt (!) – der Hintergrund, vor dem sich die oben beschriebene Bevölkerungsentwicklung Österreichs abgespielt hat. Das schauen wir uns jetzt noch etwas genauer an, daher die kleine Auffrischung der historischen Ereignisse.

The circle of life
Auf unserer Zugfahrt von Bregenz nach Eisenstadt hatten wir einen Eindruck davon gewonnen, wie dynamisch die aktuelle Bevölkerungsentwicklung in Österreich ist. Das wollen wir uns – verteilt auf die einzelnen Komponenten – noch einmal genauer anschauen: Hochzeiten, Geburten, Todesfälle, Übersiedlungen, Scheidungen – eben der gesamte Kreislauf des Lebens.

A star is born
Im Jahr 2018 wurden österreichweit 85 535 Babys geboren (davon 41,2 Prozent unehelich), was im langjährigen Durchschnitt nicht besonders viel ist.

Seit dem Jahr 1871 – also in der Gründerzeit – bis zum Beginn des Ersten Weltkriegs gehen die Geburten je 1 000 Einwohnerinnen und Einwohner kontinuierlich und deutlich um fast 30 Prozent zurück – allerdings von einem hohen Niveau aus. Relevant für diese Entwicklung sind insbesondere die in der Monarchie recht spät – Mitte des 19. Jahrhunderts – einsetzende Industrialisierung und die sich damit verändernden Lebensbedingungen. Die landwirtschaftliche Produktion kann in vielen Fällen nicht mehr mit der neuen Massenproduktion mithalten, weshalb viele Menschen ihre Heimat verlassen haben – etwa Richtung USA oder nach Wien, wo eine Weltmetropole entsteht, die zwischen 1850 und 1910 um 1,5 Millionen Einwohnerinnen und Einwohner wächst.

Der Zuzug aus den Kronländern (vor allem in die Zentren) führt dazu, dass die wachsende Bevölkerung in der Tendenz zu steigenden Zahlen an Neugeborenen führt – bei sinkender Fertilität. Mehr potenzielle Mütter bedeuten auch mehr Neugeborene, selbst wenn dabei die Kinderzahl pro Frau zurückgeht. Die höchste Zahl an Lebendgeborenen weist Statistik Austria für das Jahr 1902 mit 191 926 Geburten aus – also mehr als doppelt so viele Geburten wie gegenwärtig.

Neben dem relativ nahen Wien zog es viele Menschen aus Österreich (und wohl noch mehr aus Ungarn) in die USA, mit einem Höhepunkt der Auswanderung im Jahr 1907. Der Exodus aus der Monarchie setzte zwar vergleichsweise spät ein, erreichte aber durchaus erhebliche Dimensionen: Laut der US-amerikanischen Dillingham-Kommission, die sich mit der Frage der Migration in die USA beschäftigte und politische Maßnahmen zu deren Reduktion erarbeitete, waren im Zeitraum 1901–1910 etwa 26 Prozent der europäischen Zuwanderung in die USA aus der Habsburgermonarchie. Der überwiegende Grund, Europa zu verlassen, ist gut dokumentiert: die bessere wirtschaftliche Situation in den USA – »Wirtschaftsflüchtlinge«, wenn man so will. Diese Auswanderung wurde in Österreich zeitweise mit Besorgnis zur Kenntnis genommen.

Einerseits entlastete sie zwar den Arbeitsmarkt – was angesichts der nicht immer stabilen Wirtschaft durchaus helfen konnte –, andererseits wanderten vor allem junge Menschen aus, die dann »zu Hause« fehlten. Österreich verlor also einen Teil seiner reproduktions- und arbeitsfähigen Bevölkerung. Auch deshalb gehen bis zum Ersten Weltkrieg die Geburtenzahlen weiter zurück.

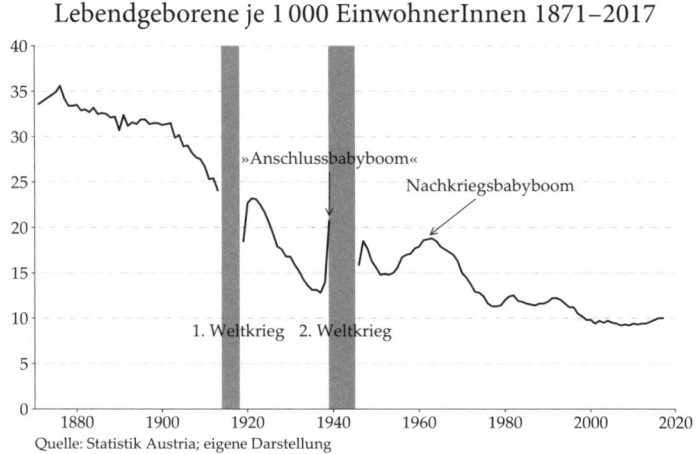

Lebendgeborene je 1 000 EinwohnerInnen 1871–2017

Quelle: Statistik Austria; eigene Darstellung

Dramatische politische Ereignisse haben in vielen Fällen dramatische Auswirkungen auf die Familiengründungen. Es ist wenig verwunderlich, dass die Anzahl der Geburten im ersten vollen Kriegsjahr des Ersten Weltkriegs – also 1915 – geradezu einbricht und 1916 erstmals unter 100 000 fällt. Die Zukunftssorgen und die wirtschaftlichen Bedingungen ebenso wie die abwesenden Soldaten (und potenziellen Väter) sind die Gründe für weniger Neugeborene während der Kriegsjahre.

Mit dem Ende des Ersten Weltkriegs 1918 zerfällt die Doppelmonarchie, und Habsburg ist Geschichte. Die Anzahl der Lebendgeborenen erholt sich schnell wieder, wenngleich die

Geburten je 1 000 Einwohnerinnen und Einwohner nicht mehr das Niveau der Jahrhundertwende erreichen. Bereits ab Anfang der 1920er-Jahre dürfte die schwierige soziale und politische Situation zu einem erneuten drastischen Rückgang der Geburten führen, deren Anzahl wieder sinkt und in der Weltwirtschaftskrise 1933 erneut die 100 000er-Marke unterschreitet. Auch in dieser Zeit verlassen Menschen aus Österreich ihr Land – etwa Richtung USA.

Unterbrochen wird die stetig sinkende Entwicklung der Geburten dann in den Jahren ab 1939: Wir sehen einen schlagartigen Anstieg der Geburten – den sogenannten »Anschluss-Babyboom«, der 1940 zu 145 926 Neugeborenen führte. Dies ist ein sehr markantes Beispiel dafür, wie politische Veränderungen auch zu Veränderungen im generativen Verhalten führen. Die Kinder dieses »Anschluss-Babybooms« sind heute rund 80 Jahre alt und nach wie vor in den Alterspyramiden zu sehen (siehe nächste Seite).

Bezogen auf die Bevölkerung blieben die Geburten während des Zweiten Weltkriegs gering – absolut blieben sie dennoch in jedem Jahr des Krieges über 100 000 Lebendgeborenen.

Die Zeit von 1870 bis 1950 bezeichnete der Statistiker Josef Kytir in einem Vortrag als »ersten demografischen Übergang«: Die Kinderzahl je Frau sank von 4,5 auf 2, und die Lebenserwartung verdoppelte sich, insbesondere wegen des Rückganges der Säuglingssterblichkeit. Verantwortlich dafür war einerseits der medizinische Fortschritt, hatten doch Epidemien wie Cholera, Typhus und Tuberkulose einen erheblichen Anteil an der hohen Sterblichkeit der Zeit vor 1870. Andererseits wurde auch die Hygiene immer besser, genannt seien die Wasserversorgung (erstes Grundwasserwerk in Graz 1872, Eröffnung der ersten Wiener Hochquellenleitung 1873) und die Städteassanierung[18].

Bevölkerungspyramide Österreich 1.1.2019

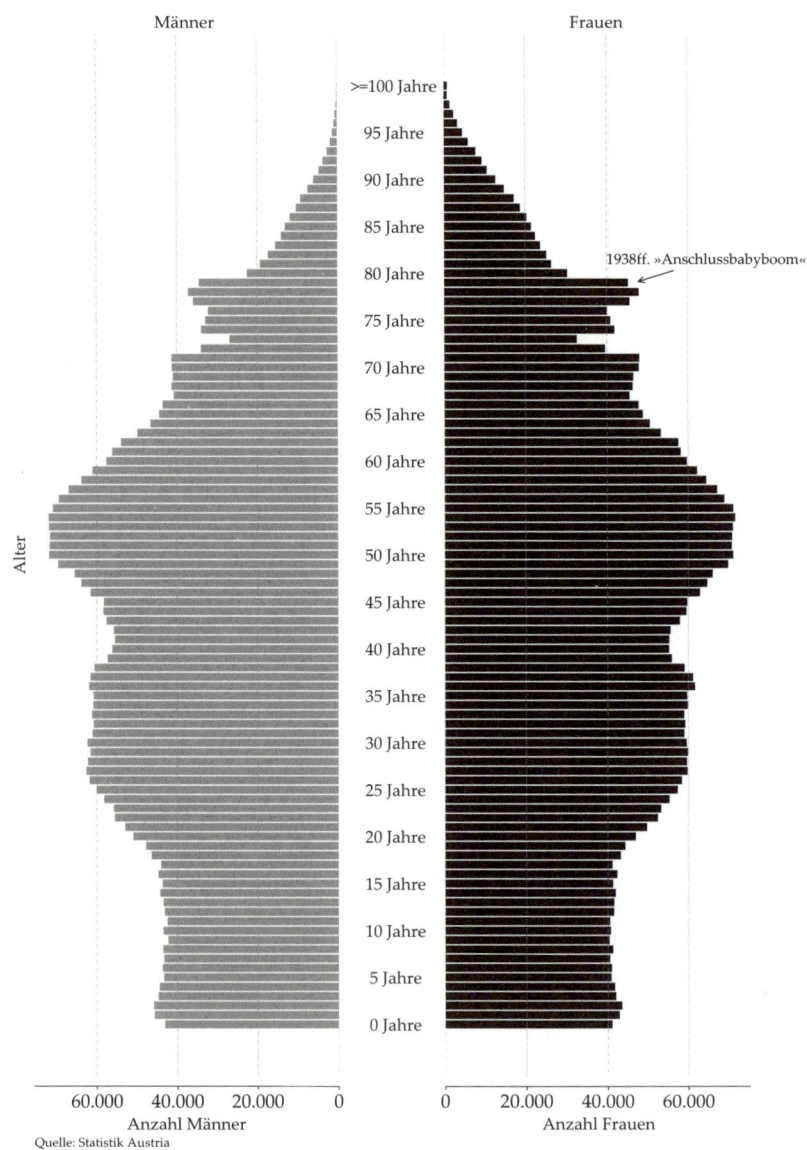

Quelle: Statistik Austria

Nach dem Zweiten Weltkrieg stiegen die absoluten Geburtenzahlen wieder an, der Nachkriegsrekord wurde im Jahr 1963 mit 134 809 Geburten erreicht. Der »Babyboom« lässt sich auch in der Geburtenziffer (also der Anzahl an Kindern je Frau) sehen – unmittelbar gefolgt vom »Pillenknick«. Seitdem gibt es eine zunächst sinkende und später stagnierende Fertilitätsrate. Die Geburtenzahl in Österreich liegt seit 1973 konstant unter 100 000 im Jahr mit einem Tiefststand 2001: Damals gab es lediglich 75 458 Geburten in Österreich zu feiern.

Ab 1965 spricht Kytir vom »zweiten demografischen Übergang«, seit 1973 liegt die Geburtenzahl pro Frau unter dem Reproduktionsniveau von 2 Kindern je Frau. Seit fast 50 Jahren kann Österreich die Bevölkerungszahl nur durch Zuwanderung halten beziehungsweise vergrößern – was enorme Auswirkungen auf die Zusammensetzung der Bevölkerung und angesichts der restriktiven Einbürgerungspolitik in Österreich auch auf die wahlberechtigte Bevölkerung hat.

Zurzeit liegen wir also bei 85 535 Geburten, die mit Abstand meisten – nämlich rund ein Viertel (genau: 23,4 Prozent) – gab es in Wien. Die höchste Unehelichenquote hatte wie (fast) immer Kärnten – dazu später mehr. Zudem werden Jahr für Jahr mehr Buben als Mädchen geboren (zuletzt: 51,2 Prozent Buben).[19] Diesen Vorsprung verspielen die männlichen Nachkommen aber schnell wieder, da es eine relative »Übersterblichkeit« der Buben gibt. Bereits die Säuglingssterblichkeit ist bei Knaben etwas höher als bei Mädchen, am stärksten ausgeprägt ist die Übersterblichkeit im Alter von 15 bis 24 Jahren, was laut Göltz et al. auf die höhere Unfall- und Suizidsterblichkeit in diesem Alter zurückzuführen ist. Zugespitzt formuliert, führt die riskantere Lebensweise der jungen Männer dazu, dass es relativ bald ein ausgeglichenes Geschlechterverhältnis gibt, das später dann immer mehr zugunsten der Frauen ausfällt – aufgrund der höheren Lebenserwartung von Frauen.

Anfang 2019 waren 50,8 Prozent der Bevölkerung in Österreich weiblich – es gab also einen Frauenüberhang von immerhin 144 709 Frauen.

Derzeit gibt es in Österreich mehr Geburten als Todesfälle. 2018 standen den 85 535 Geburten 83 975 Todesfälle gegenüber – es gab also einen Geburtenüberschuss von 1 560 Personen.

Love and marriage oder: (nicht) alles aus Liebe
46 468 Eheschließungen gab es 2018. Das ist zwar deutlich weniger als etwa in den 1970er-Jahren, aber doch auch mehr als in den Nullerjahren. 92 936 Menschen gaben sich also das Jawort. Bei 70,3 Prozent der Eheschließungen in Österreich hatten Braut und Bräutigam die österreichische Staatsbürgerschaft, in 22,3 Prozent der Fälle hatte einer der beiden einen ausländischen Pass, in 7,4 Prozent der Fälle hatten beide eine ausländische Staatsbürgerschaft.

Im Durchschnitt ist die Braut bei der ersten Hochzeit 30,6 und der Bräutigam 32,8 Jahre alt, ein Wert, der sich erheblich erhöht hat. Das »mittlere Erstheiratsalter« lag 1946 noch bei 24,1 beziehungsweise 27,1 Jahren, sank bis Mitte der 1970er-Jahre sogar auf 21,4 (Frauen) beziehungsweise 24,4 Jahre (Männer) ab und steigt seitdem kontinuierlich an. Dabei ist die Tradierung, dass der Mann (jedenfalls im Durchschnitt) älter ist als die Frau, sehr nachhaltig: Das findet sich in jedem Jahr der Statistik.

Geheiratet wird vor allem zwischen Mai und September. Der »Lieblingsmonat« verschiebt sich dabei öfter, ist aber immer in den (vermuteten) »schönen Monaten«, jedenfalls was das Wetter betrifft: 2018 war der August am beliebtesten, 2017 der Juli, 2016 der Juni und 2015 der Mai. Dabei ist zu beachten, dass Feiertage und Wochenenden nicht immer gleich verteilt sind. So hatte der Mai im Jahr 2015 fünf Samstage, 2016, 2017 und 2018 nur vier. Beim Juli war es genau umgekehrt: 2016, 2017 und 2018 fielen je fünf Samstage in den Juli, 2015 nur vier. Auch Pfingsten und Fronleichnam liegen mal im Mai, mal im Juni.

Nicht in allen Bundesländern ist der Lieblingsmonat der gleiche, 2018 war aber recht homogen mit dem August an der Spitze von acht Bundesländern. Lediglich Salzburg wich ab: Hier wurde im September häufiger geheiratet. Über die letzten Jahre ist man sich jedenfalls einig, dass der Januar der schlechteste Monat zum Heiraten ist. Wenn auch 2018 nicht in allen Bundesländern – in Kärnten, Salzburg und Tirol wurde im Februar noch weniger geheiratet –, der Februar hat allerdings mit in der Regel nur 28 Tagen auch einen erheblichen Nachteil gegenüber den anderen Monaten. In Wien heiratetet man am seltensten im Dezember.

Scheidungen gibt es (im Jahr 2017) am häufigsten im März, auch das allerdings nicht homogen (Burgenland: Mai; Steiermark: Juni; Tirol: November; Vorarlberg: Dezember). Ob es bei den März-Ländern einen Zusammenhang zwischen dem im Februar stattfindenden Fasching (für Rheinländer: Karneval) gibt, ist mir nicht bekannt.

Interessant ist jedoch, dass auch die Eheschließungen von politischen Ereignissen abhängen können. Der Grafik auf Seite 94 sind Schwankungen zu entnehmen, vor allem 1987 gab es mit 76 205 Hochzeiten einen absoluten Ausreißer. Das lässt sich nun nicht mit der Liebe (allein) erklären, sondern hat einen ganz banalen Grund: Die Heiratsprämie von 15.000 Schilling, die bis dahin an jedes Paar ausbezahlt wurde, ist mit 31.12.1987 abgeschafft worden. Wer diese umgerechnet 1.090 Euro erhalten wollte, musste sich also beeilen. Daher wurden vermutlich viele Hochzeiten aus dem Folgejahr vorgezogen (1988 heirateten deutlich weniger Menschen als 1986). Der Peak 1972 ist übrigens durch die Einführung der Heiratsprämie zu erklären, 1984 gab es bereits Gerüchte über die Abschaffung der Prämie, und die steuerliche Absetzbarkeit der Mitgift entfiel. Heiraten ist also durchaus etwas handfest Ökonomisches – und nicht (nur) der Liebe geschuldet.

Eheschließungen in Österreich 1970–2018

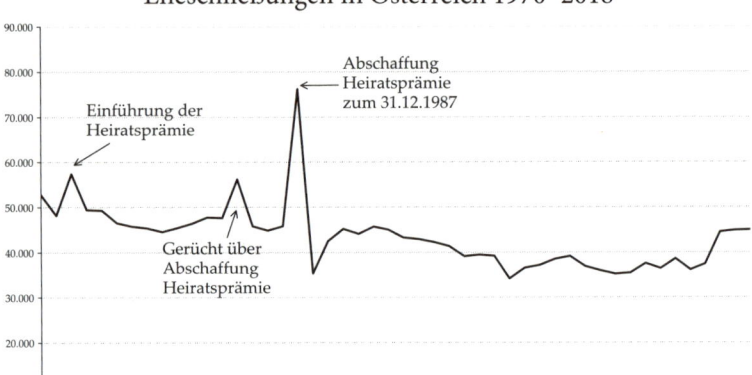

Quelle: Statistik Austria; eigene Darstellung

Schaut man sich die Daten noch detaillierter an, dann fällt auf, dass es um 2004 einen leichten Anstieg bei Ehen gab, bei denen einer der Vermählten einen österreichischen Pass und einer eine ausländische Staatsbürgerschaft hatte. Dieser (kurzfristige) Anstieg hat seine Ursache vermutlich im »Fremdenrechtspaket 2005« (bestehend aus Asylgesetz 2005, Fremdenpolizeigesetz 2005, Niederlassungs- und Aufenthaltsgesetz 2005), das tief greifende fremden- und asylrechtliche Änderungen brachte.

Kinder waren lange ein Heiratsgrund – und sind es zu einem gewissen Ausmaß noch immer. Schaut man sich an, wie viele Paare zum Zeitpunkt der Geburt nicht länger als acht Monate verheiratet waren – Paare also, bei denen die Zeugung des Kindes unehelich, die Geburt aber ehelich war –, dann sehen wir hier eine abnehmende Anzahl: 1970 gab es noch fast 20 000 solcher Fälle in Österreich, seitdem sinkt diese Anzahl kontinuierlich auf jetzt circa 5 000 Fälle im Jahr.

Eingetragene Partnerschaften sind eine recht neue Institution (mit bisher wenig vorliegenden Daten) und kommen noch relativ selten vor. 464 Paare sind diese Form der Verbindung 2018 eingegangen.

Die Ehe hält schon lange nicht mehr »ein Leben lang«. Insgesamt gab es 16 304 Ehescheidungen im Jahr 2018. Die höchste Scheidungsrate hat Wien: Mit 46,7 Prozent wird hier bereits fast jede zweite Ehe aufgelöst. Platz zwei geht an Niederösterreich (44,5 Prozent), am geringsten ist die Scheidungsrate in Tirol mit 36,2 Prozent.

Das »verflixte siebte Jahr« gibt es, statistisch gesehen, übrigens nicht. Die höchste Anzahl an Scheidungen findet sich jedenfalls nach drei Ehejahren, wobei wir natürlich nicht wissen, wie lange die Paare vor ihrer Hochzeit bereits liiert waren. Was wir wissen: In Wien haben etwa zwei Drittel der Paare bereits vor der Eheschließung eine gemeinsame Wohnadresse – 1990 hatten noch die Hälfte der Brautpaare getrennte Wohnsitze.

Nach sieben Ehejahren ließen sich im Jahr 2017 in Österreich 732 Paare scheiden – das sind gerade einmal 4,5 Prozent der Scheidungen. Immerhin 35 Prozent der Ehen schaffen es nicht einmal ins »verflixte siebte Jahr«; sie werden bereits vorher geschieden. Und 1,6 Prozent der Ehen überleben das erste Ehejahr nicht.

Während manche es also nicht lange in gemeinsamer Ehe aushalten, finden Scheidungen auch noch nach vielen Ehejahren statt: 1 105 oder 6,8 Prozent der Scheidungen fanden nach mehr als 30 Ehejahren statt.

Nun sind Scheidungen entgegen der öffentlichen Wahrnehmung nicht unbedingt etwas Neues, wenngleich sie zahlenmäßig natürlich bedeutender geworden sind. Und es wurde leichter, weil es keiner Verfehlungen mehr bedarf und das Recht deutlich liberalisiert wurde. Für einen historischen Vergleich schauen wir uns in der Folge die Daten für Wien an. In den Statistischen Jahrbüchern der Stadt Wien sind die Scheidungsgründe doch recht aufschlussreich: 1883 gab es nur sehr wenige Scheidungen, die meisten davon (nämlich 18) wegen einer unordentlichen Lebensführung und dergleichen, zehn Scheidungen wurden mit einer wiederholten empfindlichen Kränkung begründet, ebenfalls zehn Scheidungen erfolgten wegen »boshaften Verlassens«. Fünfmal war ein Ehebruch der Scheidungsgrund, viermal eine schwere Misshandlung, zweimal die Verurteilung wegen eines Verbrechens, und in sechs Fällen werden andere Gründe angegeben.

Diese Gründe ändern sich im Laufe der Zeit, 1911 können wir zum Beispiel nachlesen, dass Männer öfter einen folgenreichen Ehebruch begangen haben als Frauen (19 zu 13 Fälle). Hier war aber Nachstellen, Misshandlung oder Kränkung mit 110 Fällen der häufigste Scheidungsgrund vor dem unordentlichen Lebenswandel (83). Im Statistischen Jahrbuch der Stadt Wien für das Jahr 1952 kann man dann erstmals zwei Kategorien von Scheidungen finden: Eheverfehlungen (wie Ehebruch, Verweigerung der Fortpflanzung, Zerstörung der Ehe) und die Kategorie »unverschuldete Zerrüttung der Ehe«. Neben dem Auseinanderleben der Ehegatten fallen hier auch geistige Erkrankungen und ansteckende und »ekelerregende Krankheiten« darunter.

Bis heute gibt es zahlreiche Scheidungsgründe. Zum Vergleich wieder die Daten nur für Wien, wo der mit Abstand häufigste Scheidungsgrund im Jahr 2017 die Scheidung im Einvernehmen war (3 559 Fälle). In 245 Fällen lag ein Auflösen der häuslichen Gemeinschaft als Scheidungsgrund vor, und 36 sonstige Gründe werden angegeben. Aber: 329 Scheidungsfälle sind mit Eheverfehlungen begründet, also dem Vorliegen eines Scheidungsgrundes, wie zum Beispiel Ehebruch, Misshandlungen, Zanksucht oder Hysterie, Vernachlässigung der

Haushaltsführung, Verletzung der Unterhaltspflicht, böswilliges Verlassen, ständige alleinige Freizeitaktivitäten, unheilbare Zerrüttung der Ehe … Und wenn jetzt noch einer sagt, Statistik sei fad, dann weiß ich auch nicht.

Wo wir gerade bei der Liebe sind: Für Wien haben wir auch längere Reihen zu den Geschlechtskrankheiten – jedenfalls soweit diese korrekt gemeldet wurden. Gonorrhoe (Tripper) kam nach dem Zweiten Weltkrieg gar nicht so selten vor, 1946 gab es fast 8 000 Fälle bei Frauen und etwas über 5 000 bei Männern. In den 1960er-Jahren ist die Krankheit dann nur mehr sehr selten und tendenziell häufiger bei Männern, heute haben wir etwa 600 Fälle bei Männern und 400 bei Frauen. Auf etwas niedrigerem Niveau ist der Verlauf bei Lues (Syphilis) sehr ähnlich. Nach dem Krieg gibt es hier noch 4 000 betroffene Frauen und 2 000 betroffene Männer in Wien, bereits Anfang der 1950er-Jahre kommt die Krankheit aber deutlich seltener vor, heute sind etwa 300 Männer und 50 Frauen betroffen.

Was uns die amtliche Statistik übrigens nicht verrät, sind qualitative Informationen darüber, wie es den Menschen in ihrer Beziehung geht. Aber das Liebesleben in Österreich wäre auch ein eigenes Buch.

Wir siedeln

Im Jahr 2017 wurden 60 196 Wohnungen fertiggestellt. Dies ist auch notwendig, da Österreich bekanntlich wächst und daher auch mehr Wohnraum benötigt. Zudem ist die Siedlungsdynamik enorm: 797 666 Übersiedlungen gab es 2018 allein innerhalb Österreichs, das heißt: Rechnerisch zieht (fast) ganz Österreich in zehn Jahren einmal um. Klar: Studierende vermutlich öfter, Familien vermutlich seltener, die Zahl ist aber dennoch beeindruckend. Die Dynamik in Österreich ist dabei durchaus interessant: 686 019 Wanderungsbewegungen fanden innerhalb des gleichen Bundeslandes statt, 303 514 Umzüge sogar innerhalb

derselben Gemeinde (davon allein 186 834 innerhalb Wiens).
Zwischen den Bundesländern gab es verhältnismäßig über-
schaubare 111 647 Übersiedlungen im Jahr 2018. Am stärksten
von diesen Zu- und Abwanderungen ist wieder Wien betroffen,
in absoluten Zahlen ist die Verflechtung von Wien mit Niederösterreich auffällig: 16 533 Übersiedlungen gingen von Niederösterreich nach Wien, in die Gegenrichtung waren es 24 247. Es
gibt dabei kein Bundesland, das nur positive oder negative
Salden mit anderen Bundesländern aufweist. Das Burgenland
verliert allerdings nur gegenüber der Steiermark, Wien nur gegenüber seiner direkten Umgebung Niederösterreich und dem
Burgenland (Suburbanisierung). Damit hat Wien zurzeit in
Summe eine negative Binnenwanderungsbilanz.

Die Gewinner der Binnenwanderung sind Niederösterreich
(+6 563) und das Burgenland (+1 343), die Verlierer erstmals seit
Längerem wieder Wien (−5 913), aber auch Tirol (−1 539) und
Salzburg (−1 212). Während Salzburg vor allem an Wien verliert,
teilen sich die Verluste Tirols auf Wien und Vorarlberg auf.
Kurzum: Westösterreich (Oberösterreich, Salzburg, Tirol, Vorarlberg) verliert bei der Binnenwanderung 2 603 Einwohnerinnen und Einwohner vor allem zugunsten des Ostens (Burgenland, Niederösterreich, Wien) mit einem Plus von 1 993, aber
auch des Südens (Kärnten, Steiermark) mit +610.

Gewandert wird nicht gleichmäßig, sondern vor allem junge Menschen übersiedeln. 75 Prozent der Binnenwanderung
entfallen auf Personen, die 39 Jahre und jünger waren, die
stärkste Gruppe sind die 25- bis 29-Jährigen. Auch 0- bis 4-Jäh-
rige sind relativ stark betroffen, was der Tatsache geschuldet
sein dürfte, dass nach der Familiengründung (oder Erweite-
rung) eine neue Heimat gesucht wird. Und noch etwas ist interessant: Übersiedelt wird vor allem zwischen Juli und Oktober, also nach beziehungsweise in den Schulferien, vor dem
Semesterstart.

Das waren die Übersiedlungen innerhalb Österreichs. Zu
dieser Binnenwanderung kommt die Außenwanderung dazu,
und da sah es 2018 wie folgt aus:

Außenwanderung 2018	
Zuwanderung aus dem Ausland	**146 856**
Davon Österreicher	15 132
Davon EU / EFTA	87 868
Davon Drittstaatsangehörige	43 856
Wegzug ins Ausland	**111 555**
Davon Österreicher	19 848
Davon EU / EFTA	55 866
Davon Drittstaatsangehörige	35 841
Saldo	**35 301**
Davon Österreicher	–4 716
Davon EU / EFTA	32 002
Davon Drittstaatsangehörige	8 015

Quelle: Statistik Austria; eigene Darstellung

Knapp 147 000 Zuzügen aus dem Ausland stehen demnach
knapp 112 000 Wegzüge entgegen – im Saldo ist Österreich
durch Zuwanderung aus dem Ausland also um 35 000 Einwohnerinnen und Einwohner gewachsen. »Netto« gewinnen alle
Bundesländer durch den Zuzug aus dem Ausland, wobei auf
Wien 32,8 Prozent des Wanderungssaldos entfielen und auf
Oberösterreich 19,4 Prozent. Am stärksten gewachsen ist 2018
die Gruppe der Staatsbürgerinnen und Staatsbürger aus Rumänien (+8 648), gefolgt von Deutschland (+6 052) und Ungarn
(+4 614). Einen positiven Saldo von über 2 000 gab es ferner
gegenüber Kroatien und Bulgarien, von über 1 000 gegenüber
Serbien, Bosnien und Herzegowina, Italien, der Slowakei, Sy-

rien und Slowenien. Es gab auch Herkunftsländer mit negativem Saldo, am stärksten Afghanistan (−1273) vor dem Irak (−728) und Nigeria (−306). Interessant ist vielleicht auch, dass die Türkei – im Bevölkerungsstand durchaus relevant – beim Saldo mit −22 ein negatives Vorzeichen hat und in der Wanderung damit eine untergeordnete Rolle spielt.

Betrachtet man statt 2018 die letzten zehn Jahre (2009–2018), dann liegt Rumänien (+70291) vor Deutschland (+62824) und Ungarn (+54574). Bemerkenswert: Syrien ist in dieser Statistik bereits auf Platz vier (+47116) vor Afghanistan auf Platz fünf (+38587), es folgen mit einem großen Abstand sechs osteuropäische Länder (Polen, Slowakei, Bulgarien, Kroatien, Serbien und Bosnien und Herzegowina) vor Italien, dem Irak, Slowenien und dem Iran, die es ebenfalls noch auf über 10000 Personen im Saldo schaffen. Übrigens: Knapp 54 Prozent der neu in Österreich lebenden Personen sind Frauen.

Auch die Außenwanderung ist jung! Über 83 Prozent der Personen (im Saldo!) sind 39 Jahre und jünger. Interessant ist aber: Die Altersgruppe 65+ hat einen negativen Wanderungssaldo: Hier verlassen also mehr Menschen Österreich, als nach Österreich zuziehen.

Buntes Österreich

Geburtenplus und Zuwanderung haben Österreich stark verändert – und verändern es ständig weiter. Österreich ist vielfältiger geworden. Die Lebensformen sind pluraler, eine Ehe hält schon längst nicht mehr ein Leben lang oder wird erst gar nicht geschlossen, und die Mobilität der Menschen hat zugenommen. Zudem haben die Urbanisierungsprozesse der letzten Jahre zu Verschiebungen geführt. Die vielleicht auffälligste: Wien ist vom Bundesland mit dem höchsten Durchschnittsalter aller Bundesländer zum demografisch jüngsten Bundesland geworden.

Durchschnittsalter in den österreichischen Bundesländern

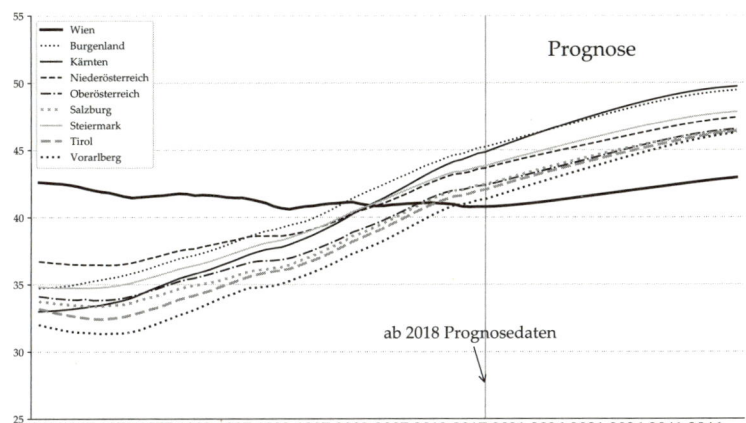

Quelle: Statistik Austria, Demografische Indikatoren für Wien
Anmerkung: Die Bevölkerung ab 95 Jahren geht mit einem Alter von 95,5 Jahren in die Berechnung ein.

Die Städte haben dabei in den letzten Jahren etwas an Bedeutung gewonnen. Lebten 2002 noch 31 Prozent der Österreicherinnen und Österreicher in Städten mit (heute) über 50 000 Einwohnerinnen und Einwohnern, so sind es Anfang 2019 bereits 33,4 Prozent.

Die Bevölkerung Österreichs – das wissen wir schon aus dem Vergleich mit Deutschland – ist im Durchschnitt 42,8 Jahre alt, Männer 41,5 Jahre, Frauen 44,0 Jahre. 83,8 Prozent der hier lebenden Menschen waren Anfang 2019 österreichische Staatsbürgerinnen bzw. Staatsbürger, entsprechend hatten 16,2 Prozent einen ausländischen Pass. Das lässt sich weiter aufdröseln: 8,4 Prozent hatten eine EU-Staatsbürgerschaft, 7,9 Prozent waren aus Drittstaaten. Die größte Gruppe – Sie ahnen es – sind die Deutschen. Diesem Vergleich ist (nicht nur deshalb) ein eigenes Kapitel gewidmet. 2,2 Prozent der hier lebenden Menschen sind Deutsche – so viele sind das also gar nicht. Platz zwei mit 1,4 Prozent sind Staatsbürgerinnen und Staatsbürger aus Serbien, vor der Türkei und Rumänien mit jeweils 1,3 Prozent. Bosnien und Herzegowina kommt auf 1,1 Prozent der Staatsbürgerinnen und Staatsbürger, alle anderen – angeführt von Ungarn und Kroatien – liegen dann schon bei weniger als einem Prozent. Aus Timor-Leste (Osttimor), Guyana und dem Vatikan kommt jeweils nur eine Person in Österreich. Derzeit leben in Österreich Menschen mit 190 Nationalitäten.

Eine Reise von Bregenz nach Eisenstadt lässt einen die Vielfalt des Landes erahnen. Topografisch, aber eben auch demografisch und kulturell. Denn Österreich ist trotz seiner relativen Kleinheit vielfältig: Vorarlberg mit seiner Grenze zur Schweiz und zu Deutschland ist eben anders gestrickt als das Burgenland, das an die Slowakei, Ungarn und Slowenien grenzt. Das wollen wir uns im Folgenden genauer anschauen.

VIEL GERÜHMTES ÖSTERREICH

Es ist allgemein bekannt, dass Wien die einwohnerstärkste Stadt Österreichs ist. Aber wussten Sie, dass Wien so viele Einwohnerinnen und Einwohner hat wie die folgenden 47 Gemeinden? Absteigend nach Einwohnerzahl: Graz, Linz, Salzburg, Innsbruck, Klagenfurt, Villach, Wels, Sankt Pölten, Dornbirn, Wiener Neustadt, Steyr, Feldkirch, Bregenz, Leonding, Klosterneuburg, Baden, Wolfsberg, Krems an der Donau, Traun, Leoben, Amstetten, Lustenau, Kapfenberg, Hallein, Mödling, Kufstein, Traiskirchen, Schwechat, Braunau am Inn, Stockerau, Saalfelden am Steinernen Meer, Ansfelden, Hohenems, Tulln an der Donau, Telfs, Bruck an der Mur, Spittal an der Drau, Perchtoldsdorf, Eisenstadt, Bludenz, Ternitz, Feldkirchen in Kärnten, Bad Ischl, Wörgl, Hall in Tirol, Marchtrenk und Schwaz zusammen erreichen am 1.1.2019 nicht ganz die Einwohnerzahl Wiens. Würde man statt der größten die kleinsten Gemeinden Österreichs zusammenzählen, dann bräuchte man 1 395 (!) Gemeinden, um die Einwohnerzahl der Hauptstadt zu erreichen. Ich erspare Ihnen die Aufzählung, die größten dieser Gemeinden wären Bad Wimsbach-Neydharting (Oberösterreich) und Frantschach-Sankt Gertraud (Kärnten) mit je 2 566 Einwohnerinnen und Einwohnern, die kleinste wäre Gramais (Tirol) mit 41 Einwohnerinnen und Einwohnern.

Würde man statt Wien die Wiener Bezirke nehmen, dann ist zwar Graz auf Platz eins und Linz auf Platz zwei der größten Städte Österreichs, es folgen aber Favoriten, die Donaustadt und Floridsdorf (Plätze 3 bis 5), die mehr Einwohnerinnen und

Einwohner als Salzburg und Innsbruck haben. Dann kommen auf den Plätzen 8 bis 11 Liesing, die Leopoldstadt, Ottakring und Simmering, alle mit mehr als 100 000 Einwohnerinnen und Einwohnern. Platz 12 wäre Klagenfurt, danach folgen sechs weitere Wiener Bezirke vor Villach. Der einwohnerschwächste Wiener Bezirk, die Innere Stadt, liegt auf Platz 56 – bei 2 096 österreichischen Gemeinden.

Die größte Stadt Österreichs ist allerdings nicht Wien – sondern Sölden in Tirol. 3 119 Einwohnerinnen und Einwohner hat Sölden – aber eine Fläche von 466,8 Quadratkilometern. Das ist dann doch deutlich mehr, als das zweitplatzierte Wien (mit 1,9 Millionen Einwohnerinnen und Einwohnern) aufweist: 414,7 Quadratkilometer. Knapp dahinter folgt Mariazell in der Steiermark mit 3 722 Einwohnerinnen und Einwohnern und einer Fläche von 413,5 Quadratkilometern. Das viertplatzierte Admont (Steiermark) hat dann schon etwas weniger als 300 Quadratkilometer.

Wenn auch die Einwohnerzahl pro Quadratkilometer in Sölden sehr gering ist, so gehört der Ort doch zu den touristischen Topregionen in Österreich. Den 3 119 Einwohnerinnen und Einwohnern Söldens standen 2018 nämlich 567 848 Touristen[20] gegenüber, die 2,55 Millionen Nächte in Sölden blieben. Anders formuliert: Jede Nacht sind im Durchschnitt 6 980 Gäste in der Stadt – und damit mehr als doppelt so viele wie Einwohnerinnen und Einwohner. Wow.

Nun gut, Wien ist deshalb so dominant, werden Sie denken, weil es so rasant gewachsen ist. Das stimmt natürlich, die Wiener Bevölkerung ist zwischen 2002 und 2019 (jeweils zum 1.1.) um gut 326 000 Menschen gewachsen. Dieser Zuwachs war damit größer als Menschen in Graz wohnen – nämlich 288 806. Aber Wien ist nicht die am schnellsten wachsende Gemeinde in Österreich.

Betrachten wir die zehn Jahre zwischen dem 1.1.2009 und dem 1.1.2019, dann ist die Bevölkerung Österreichs in dieser Zeit um 6,3 Prozent oder 524 000 Einwohnerinnen und Einwohner gewachsen. Wien lag mit 12,9 Prozent hier klar über dem Durchschnitt, und 41,5 Prozent des Zuwachses finden sich in der Bundeshauptstadt. Dennoch: Wien liegt nur auf Platz 183 der am schnellsten wachsenden Gemeinden. Das ist kein Tippfehler – 182 Gemeinden in Österreich sind in den vergangenen zehn Jahren relativ stärker gewachsen als Wien. Am schnellsten Kittsee im Burgenland, das fast 65 Prozent mehr Einwohnerinnen und Einwohner hat als noch vor zehn Jahren. Kittsee ist deshalb ein Sonderfall, weil die slowakische Hauptstadt Bratislava von Kittsee sehr gut erreichbar ist – Luftlinie liegen beide Stadtzentren keine 9 Kilometer auseinander –, was den Ort für Pendler attraktiv macht. Diese besondere Lage erklärt das starke Bevölkerungswachstum, was durch eine weitere Zahl bestätigt wird: Kittsee hat mit 47,4 Prozent den zweithöchsten Ausländeranteil aller österreichischen Gemeinden.

Auch auf den weiteren Plätzen sind eher kleinere Gemeinden zu finden, die stark gewachsen sind: Holzhausen, Mitterndorf an der Fischa, Wolfsthal und Wimpassing an der Leitha komplettieren die Top 5. Größere Gemeinden mit starken Wachstumsraten finden sich in unmittelbarer Nähe zu stark wachsenden Städten, etwa Neusiedl am See, Strasshof an der Nordbahn, Kalsdorf bei Graz, Groß-Enzersdorf oder Vösendorf.

Von Gemeinden, die bereits 2002 mehr als 10 000 Einwohnerinnen und Einwohner hatten, ist Leonding in den vergangenen zehn Jahren am stärksten gewachsen, nämlich um 18,3 Prozent. Von den Landeshauptstädten hat Eisenstadt mit einem Plus von 15,1 Prozent am meisten zugelegt, vor Graz (+14,4 Prozent beziehungsweise +36 300) und dann erst Wien. Die Fokussierung auf Wien ist also nicht unbedingt gerechtfertigt, selbst die zweitgrößte Stadt des Landes, Graz, wächst schneller als Wien.

Insgesamt haben 1 277 Gemeinden in den letzten zehn Jahren ein Bevölkerungsplus zu verzeichnen. 14 Gemeinden haben exakt so viele Einwohnerinnen und Einwohner wie vor zehn Jahren, und 804 Gemeinden sind geschrumpft. Gramais – die heute kleinste Gemeinde Österreichs – hat dabei 38,8 Prozent seiner Bevölkerung verloren. Es folgen Eisenerz (−25,7 Prozent), Radmer (−24,0 Prozent), Spiss (−23,8 Prozent) und Tweng (−22,7 Prozent). Eisenerz und Radmer dürften dabei vor allem aufgrund technologischer Neuerungen und wegen der Krise der Stahlindustrie im Allgemeinen stark geschrumpft sein. Köflach ist die erste Stadt, die 2002 noch über 10 000 Einwohnerinnen und Einwohner hatte und geschrumpft ist (−5,9 Prozent). Es gibt also durchaus heterogene Entwicklungen in Österreich.

Medial ebenfalls gerne auf Wien projiziert wird das Thema Ausländer. Klar, in einer Stadt mit circa 185 000 Studierenden, zahlreichen internationalen Organisationen wie die UN, 200 internationalen Headquartern von Unternehmen und jeder Menge Migrationsgeschichte sowie dem einzigen Ballungszentrum Österreichs sammelt sich die Vielfalt. Das ist wenig überraschend. Überraschend ist vielleicht, dass heute 46,4 Prozent der Wienerinnen und Wiener in Wien geboren sind – 1910 waren es mit 49 Prozent fast genauso viele. Und: Auch beim Ausländeranteil liegt Wien nicht ganz vorne – sondern auf Platz zehn. Insgesamt haben 16,2 Prozent der österreichischen Bevölkerung eine ausländische Staatsbürgerschaft. Den höchsten Ausländeranteil hat Jungholz in Tirol, das ein Sonderfall ist, da es – jedenfalls auf Straßen – nur aus Bayern erreichbar ist. Hier haben 64,6 Prozent einen ausländischen Pass. Auf Platz zwei folgt mit 47,4 Prozent das bereits beschriebene Kittsee. Platz drei geht an das ebenfalls nur über Deutschland erreichbare Mittelberg in Vorarlberg (47,0 Prozent). Es folgen Wolfsthal,

Berg und Hainburg an der Donau (alle in Niederösterreich), die sich alle in der Nähe der Grenze zur Slowakei befinden. Auf Platz sieben folgt mit Mattighofen in Oberösterreich der erste Ort, der nicht unmittelbar an ein Nachbarland angrenzt. Wien liegt mit 30,2 Prozent auf Platz 10, als zweite Landeshauptstadt folgt Salzburg mit 27,8 Prozent auf Platz 14. Altmelon in Niederösterreich hat mit einem Ausländeranteil von 0,1 Prozent den geringsten Wert. Den geringsten Ausländeranteil der Landeshauptstädte hat Eisenstadt mit 15,1 Prozent.

Gemeinde-Rekorde aus Österreich				
Größe nach Einwohner	Größe nach Fläche	Zuwachs Bevölk. 2009–2019	Rückgang Bevölk. 2009–2019	Anteil ausl. Staatsbürger
Platz 1 Wien	Sölden	Kittsee	Gramais	Jungholz
Platz 2 Graz	Wien	Holzhausen	Eisenerz	Kittsee
Platz 3 Linz	Mariazell	Mitterndorf	Radmer	Mittelberg

Quellen: Statistik Austria, Wikipedia

Wir sehen also: Wien ist (flächenmäßig) nicht die größte Gemeinde Österreichs (Platz 2), nicht die am schnellsten wachsende Gemeinde Österreichs (Platz 183), nicht einmal die am schnellsten wachsende Landeshauptstadt (das ist Eisenstadt vor Graz). Und Wien ist auch nicht die Gemeinde mit dem höchsten Ausländeranteil (Platz 10). Hätten Sie das gewusst?

Ein weiteres gerne bedientes Bild ist das vom »Wasserkopf Wien«, auch hier historisch bedingt. Wien war ursprünglich die Hauptstadt der Habsburgermonarchie, die 1910 über 51 Millionen Einwohnerinnen und Einwohner hatte. Heute ist Wien Hauptstadt eines relativ kleinen Landes, und in Wien wohnen 21,4 Prozent der Einwohnerinnen bzw. Einwohner Österreichs. Das ist ordentlich. Aber es reicht innerhalb der EU nicht für einen »Stockerlplatz«, den haben Riga in Lettland (32,7 Prozent), Tallin in Estland (31,7 Prozent) und Nikosia in Zypern (25,8 Prozent). Erst dann folgt Wien. Vergleichsweise kleine Hauptstädte haben Malta mit Valletta (1,3 Prozent), Frankreich mit Paris (3,3 Prozent, allerdings gibt es hier ein Problem mit der administrativen Grenze von Paris, wie bereits gesehen) und Deutschland mit Berlin (4,4 Prozent). Die Dominanz der Hauptstädte findet sich hier also eher in kleineren Staaten der EU.

Nun haben wir ein paar erste Einordnungen vornehmen können – und vielleicht wurde schon der ein oder andere Aha-Moment erzeugt. Um Österreich besser zu beschreiben, kann man sich aber am Text der Nationalhymne orientieren. Jedenfalls lassen sich hier ein paar Eigenschaften der Alpenrepublik nachzeichnen.

Land der Berge, Land am Strome

Den höchsten Berg in Österreich kennt jeder: den Großglockner (3 798 Meter Seehöhe). Und den tiefsten Punkt des Landes? Den findet man im Seewinkel im Burgenland: Die Gemeinde Apetlon liegt auf 120 Metern Seehöhe, der tiefste Punkt Österreichs mit 114 Metern Seehöhe liegt auf dem Gemeindegebiet.

Was sind nun die höchsten Punkte der einzelnen Bundesländer? Und – wer hat den letzten Platz?

Je zwei Länder (Kärnten und Tirol sowie die Steiermark und Oberösterreich) teilen sich den höchsten Gipfel. Vorarlberg liegt in dieser »Wertung« nur auf Platz vier. Dass Wien auf dem letzten Platz liegt, überrascht vielleicht nicht so sehr. Dabei ist die Bundeshauptstadt nicht ganz flach – in Deutschland würde Wien 6 der 16 Bundesländer hinter sich lassen (Berlin, Brandenburg, Bremen, Hamburg, Mecklenburg-Vorpommern und Schleswig-Holstein), umgekehrt wäre Bayern mit dem höchsten Punkt Deutschlands, der Zugspitze (2 962 Meter

Höchste Berge der Bundesländer in Österreich		
Bundesland	**Berg**	**Seehöhe**
Kärnten	Großglockner	3798
Tirol	Großglockner	3798
Salzburg	Großvenediger	3674
Vorarlberg	Piz Buin	3312
Steiermark	Hoher Dachstein	2995
Oberösterreich	Hoher Dachstein	2995
Niederösterreich	Schneeberg	2076
Burgenland	Geschriebenstein	884
Wien	Hermannskogel	542

Quelle: Wikipedia (09.03.2019)

Seehöhe), nur Platz sieben in Österreich, würde also lediglich Niederösterreich, das Burgenland und Wien hinter sich lassen.

Beruhigend für Wien: Der tiefste Punkt Tirols mit 465 Metern Seehöhe liegt unter der Höhe des Hermannskogels, es liegt also nicht ganz Tirol höher als der Wiener Mount Everest.

Flächenmäßig das kleinste Bundesland ist – das wissen wohl die meisten – Wien, gefolgt von Vorarlberg und dem Burgenland. Das größte Bundesland ist Niederösterreich vor der Steiermark und Tirol. Die größte Nord-Süd-Ausdehnung hat ebenfalls Niederösterreich mit 178 Kilometern, die größte Ost-West-Ausdehnung jedoch Tirol mit 220 Kilometern. Die meisten Gemeinden hat Niederösterreich (573) vor Oberösterreich (438) und der Steiermark (287). Den größten Anteil an Wasserfläche wiederum hat das Burgenland (7,2 Prozent der Landesfläche) mit dem Neusiedler See – vor Wien mit Donau, Donaukanal, Alter Donau (4,7 Prozent) und Vorarlberg mit dem Bodensee (2,6 Prozent).

Der längste Fluss (»Land am Strome«) in Österreich ist die Donau mit einer Gesamtlänge von 2857 Kilometern zwischen Donaueschingen im Schwarzwald (Baden-Württemberg) und dem Schwarzen Meer in Rumänien. Die Donau durchfließt beziehungsweise grenzt dabei an zehn Länder (Deutschland, Österreich, Slowakei, Ungarn, Kroatien, Serbien, Bulgarien, Rumänien, die Republik Moldau und die Ukraine), so viele wie kein anderer Fluss der Welt. Sie ist Namensgeberin der Donaumonarchie, der Donaumetropole, des Donauwalzers und von vielem mehr. In Österreich beträgt die Länge der Donau 349 Kilometer – kein anderer Fluss ist innerhalb des Staatsgebiets länger. Weitere wichtige Flüsse, die Österreich durchfließen, sind Rhein, Inn, Mur und Drau.

Land der Äcker
Kaum etwas hat sich in den vergangenen 200 Jahren so geändert wie die Landwirtschaft. War sie früher von enormer Bedeutung für Wirtschaft und Ernährungssicherheit, so änderte sich das spätestens mit der industriellen Revolution – in Österreich also gegen Mitte des 19. Jahrhunderts. Durch den zunehmenden Einsatz der Dampfmaschine wurde die Produktivität massiv erhöht, eine Entwicklung, mit der viele Landwirte nicht mithalten konnten. Oft von der ökonomischen Not gezwungen, wanderten diese Menschen aus – etwa in die Städte oder in die USA.

1956 waren am 1. August in Österreich 198830 Menschen oder 8,5 Prozent der Beschäftigten in der Landwirtschaft tätig. 1996 waren es noch 25851, heute (2017) sind es nur mehr 23605. Der Rückgang von knapp 90 Prozent ist ein enormer Strukturwandel. Diese Veränderungen sollte man sich immer wieder vor Augen führen, wenn im Zuge der Debatte um Digitalisierung ebenfalls über einen Strukturwandel gesprochen wird. Dieser bedeutet zwar erhebliche Verschiebungen, aber nicht zwangsläufig das Ende der Arbeit. In der Vergangenheit jedenfalls sind durch den technologischen Fortschritt mehr Möglichkeiten entstanden, und nicht weniger. Allerdings hat man diesen Wandel seinerzeit sehr aktiv gestaltet – man denke an den Ausbau des Sozialstaats – und so auch verteilungspolitische Akzente gesetzt. Diese Herausforderungen kommen jetzt vielleicht wieder.

Betrachtet man die Entwicklung der Bedeutung des primären Sektors – also Land- und Forstwirtschaft sowie Fischerei – in den letzten Jahren seit Beitritt zur EU, dann zeigt sich ein Rückgang auf niedrigem Niveau. 1995 war dieser Bereich noch für 2,4 Prozent der Wertschöpfung in Österreich verantwortlich, 2018 waren es dann noch 1,3 Prozent. Bei den Bundesländern gibt es hier erhebliche Unterschiede: 2017 wurden im Burgenland immerhin 3,9 und in Niederösterreich 2,5 Prozent der Bruttowertschöpfung im primären Sektor erzielt – in Vorarlberg waren es lediglich 0,5 Prozent, in Wien sogar 0,0. Die meisten Arbeitskräfte in der Landwirtschaft hat Niederösterreich (97 453), die wenigsten Wien (2 788). Schauen wir uns auch hier an, wo die jeweiligen österreichischen Rekorde liegen.

Wenig überraschend: Getreide wird überwiegend in Niederösterreich angebaut: Über 58 Prozent des Weizens, über 70 Prozent des Roggens und über 48 Prozent der Gerste kommen aus dem flächenmäßig größten österreichischen Bundesland, bei Gerste hat Oberösterreich immerhin über 38 Prozent der Produktion vorzuweisen. Beim Obst kommen 78 Prozent der Äpfel und 56 Prozent der Birnen aus der Steiermark, bei Beerenobst (Ribiseln, Erdbeeren, Himbeeren, Kulturheidelbeeren) sind es »nur« 43 Prozent – hier kann Niederösterreich mit 34 Prozent noch einen erheblichen Anteil verbuchen. Beim Gemüse gibt es dann durchaus Überraschungen: Während Grünerbsen (99 Prozent!), Karotten (85 Prozent), Fisolen (81 Prozent) und Brokkoli (31 Prozent) aus Niederösterreich, Fenchel (37 Prozent) und Kohlrabi (32 Prozent) aus Tirol und Chinakohl aus der Steiermark (59 Prozent) kommen, kann auch Wien hier einiges vorweisen: 65 Prozent der Gurken, 47 Prozent der Pfefferoni, 37 Prozent der Petersilie und 66 Prozent der Melanzani werden in Wien geerntet. Bei Paprika kommen 43 Prozent aus dem Burgenland – und 33 aus Wien. Es ließen sich weitere Beispiele anführen. Erstaunlich scheint die hohe Gemüseproduktion in Wien zu sein. Andererseits wurden Städte historisch immer an besonders fruchtbaren Stellen gegründet, was seinerzeit schlicht eine Notwendigkeit war. Umgekehrt ist die Getreide- und Obstproduktion bedeutend flächenintensiver und findet demnach auch in der Fläche statt.

Getreide, Obst und Gemüse werden selten besungen. Anders sieht es beim Wein aus, und der wird im Wesentlichen in vier Bundesländern erzeugt: Niederösterreich, dem Burgenland, der Steiermark und Wien. In Niederösterreich wurden 2018 fast 1,7 Millionen Hektoliter Wein produziert – 76 Prozent davon waren Weißweine. Das größte Weingebiet in Niederösterreich ist – der Name sagt es schon – das Weinviertel vor dem Kamptal und dem Kremstal. Die berühmte Wachau ist selbst in Niederösterreich erst auf Platz sechs und nur für 4,5 Prozent des Weines in Niederösterreich verantwortlich.

Das Burgenland kommt auf rund 785 000 Hektoliter Wein – hier wird vergleichsweise viel Rotwein und Rosé produziert (55 Prozent). Das größte Weinbaugebiet des Landes ist der Neusiedler See. Die Steiermark ist wieder eine Weißweingegend (79 Prozent) und kommt auf 240 000 Hektoliter, die Hälfte davon kommt aus der Südsteiermark. Wien schließlich mit 29 000 Hektolitern produziert zu 81 Prozent Weißwein. Wien ist damit unter den Großstädten eine Besonderheit, da es die einzige Millionenmetropole mit wirtschaftlich bedeutendem Weinanbau ist.

Die Weinmengen der übrigen Bundesländer sind mit in Summe 4 000 Hektolitern überschaubar.

Land der Dome

Die Bedeutung von Religion in Österreich nimmt deutlich ab, der Anteil der Menschen ohne Bekenntnis steigt dagegen entsprechend an. Der Anteil der römisch-katholischen Menschen in Österreich ist mit jeder Volkszählung seit 1951 rückläufig. 1951 bekannten sich noch 89,0 Prozent zur römisch-katholischen Kirche, 2001 waren es dann 73,6 Prozent. Eine Studie unter anderem von Anne Goujon vom Institut für Demografie der Akademie der Wissenschaften geht davon aus, dass es heute rund 64 Prozent sind. 2011 wurden die Volkszählungen durch die Registerzählung abgelöst – die Informationen werden also nicht mehr erfragt, sondern aus bestehenden Registern gewonnen. Das ist deutlich günstiger und moderner. Da es allerdings kein Register mit Religionsbekenntnis gibt, liegen diese Daten valide nur bis 2001 – dem Datum der letzten Volkszählung – vor. Was zunehmend zu einem Problem wird, weil wichtige Informationen über die Bevölkerung fehlen – neben der Religionszugehörigkeit auch die Umgangssprache. 2001 war jedenfalls Tirol das katholischste Bundesland (83,4 Prozent), einen Titel, den das »Heilige Land« seit 1971 hält, davor war es Vorarlberg. Den geringsten Anteil hat traditionell Wien im Jahr 2001 mit lediglich 49,2 Prozent.

Der Anteil der Protestanten ist von 6,2 Prozent 1951 auf etwa 5 Prozent gesunken, wie der folgenden Tabelle entnommen werden kann. 2001 hatten dabei das Burgenland (13,3 Prozent) und Kärnten (10,3 Prozent) relevante Anteile an Protestanten, wohingegen in Vorarlberg nur 2,2 Prozent protestantisch waren. Kleinere Anteile entfallen auf die alt-katholischen Christinnen und Christen sowie Jüdinnen und Juden, gewachsen ist der Anteil der Muslime und der Orthodoxen. Muslime wurden erstmals 1971 erfasst (0,3 Prozent), bei der Volkszählung 2001 waren dann 4,2 Prozent muslimisch. Von der bereits genannten Studie wird ihr Anteil auf heute 8 Prozent geschätzt. Bei der letzten Volkszählung 2001 hatte Vorarlberg den höchsten Anteil an muslimisch gläubigen Menschen aller Bundesländer (8,4 Prozent), den niedrigsten hatte das Burgenland (1,4 Prozent). Hier sind wohl zwei Werte überraschend: erstens, dass Wien nicht auf Platz eins lag, und zweitens, dass selbst heute lediglich 8 Prozent der Bewohnerinnen und Bewohner Österreichs Angehörige des Islam sind.

Religionszugehörigkeit in Österreich (in Prozent)					
	1951	**1971**	**1991**	**2001**	**2016***
Römisch-katholisch	89	87	78	74	64
Evangelisch	6	6	5	5	5
Altkatholisch	0	0	0	0	–
Orthodox	–	–	–	–	5
Israelitisch	0	0	0	0	–
Islamisch	–	0	2	4	8
Sonstiges	0	1	3	3	2
Ohne Bekenntnis	4	4	9	12	17
Ohne Angabe	0	1	3	2	–

Quellen: Statistik Austria; Goujon et al. 2017   * Schätzung

Was die Daten nicht aussagen, ist, wie streng religiös die jeweiligen Menschen sind. Sind sie lediglich Mitglied der Kirche, gehen sie einmal im Jahr zur Weihnachtsmesse, oder sind sie regelmäßige Kirchgänger? Beziehungsweise wie verhält es sich analog bei den anderen Glaubensgemeinschaften – wir wissen es schlicht nicht aus den amtlichen Daten, da hier lediglich quantitative, aber keine qualitativen Informationen vorliegen.

Stark gewachsen ist der Anteil der Menschen »ohne Bekenntnis«. Von 3,8 Prozent 1951 hat sich dieser Wert bis 2001 auf 12,0 Prozent verdreifacht und liegt heute wohl bei 17 Prozent.

In Wien waren bereits 2001 über ein Viertel (25,6 Prozent) ohne Bekenntnis – das ist in der Bundeshauptstadt die zweitgrößte »Religionsgruppe« nach den Römisch-Katholischen. Im Burgenland betrug der Anteil der Bewohner »ohne Bekenntnis« lediglich 4,0 Prozent.

Das »Land der Äcker, Land der Dome« relativiert sich im Laufe der Zeit also doch deutlich: Sowohl die Bedeutung der Landwirtschaft als auch die Bedeutung der Kirchen hat deutlich abgenommen – ein Trend, der sich vermutlich fortsetzen wird.

Land der Hämmer, zukunftsreich!

Österreich ist einer der Staaten in der EU mit einem relevanten Anteil an Wertschöpfung im produzierenden Bereich, zu dem auch die Industrie gehört – dennoch macht dieser 2018 nur mehr 28,5 Prozent der Bruttowertschöpfung aus. 1995 waren es noch 32,1 Prozent.

Dieser sekundäre Sektor umfasst den Bergbau, die Herstellung von Waren, die Energie- und Wasserversorgung, die Abfallentsorgung und das Bauwesen – klassisch also die Bereiche der »Hämmer« im sehr übertragenen Sinne. Da auch die Landwirtschaft geschrumpft ist – und 2018 lediglich noch 1,3 Prozent zur Wertschöpfung beiträgt –, ist der tertiäre Sektor – also Dienstleistungen – mit 70,2 Prozent bei der Wertschöpfung dominant (1995: 65,5 Prozent). Der Strukturwandel in Österreich ist durchaus weit gediehen.

Klassische »Industriebundesländer« – gemessen am sekundären Sektor – sind Oberösterreich (39,9 Prozent), Vorarlberg (38,4 Prozent) und die Steiermark (34,0 Prozent). Auch Kärnten (33,2 Prozent) und Niederösterreich (30,3 Prozent) erzielen ihre Bruttowertschöpfung zu relevanten Teilen aus dem sekundären Sektor.

Umgekehrt ist Wien das Dienstleistungszentrum Österreichs: 85,0 Prozent der Wiener Wertschöpfung entsteht im tertiären Sektor – gefolgt von Salzburg (75,0 Prozent) und Tirol (71,0 Prozent). Der Strukturwandel in Wien ist dabei schneller und intensiver vorangegangen als in anderen Regionen Europas und maßgeblich für den Wohlstand der Hauptstadt. Insbesondere die wissensintensiven Dienstleistungen sind zentral für den Standort Wien.

Die Produktion (und die Bauwirtschaft) spielt in Österreich also eine große Rolle. Dennoch: »Zukunftsreich« heißt auch, sich weiterzuentwickeln, innovativ zu sein. Und hier ist Österreich – jedenfalls beim Input – Spitzenreiter. Mit 3,16 Prozent des BIP hat Österreich nach Schweden (3,33 Prozent) den zweithöchsten Wert bei den Ausgaben für Forschung und experimentelle Entwicklung (FuE) im Jahr 2017. Es wird also kräftig in die Zukunft investiert. Die EU-28 kommen insgesamt auf einen Wert von 2,07 Prozent.

In der dritten Strophe der Nationalhymne heißt es dann: »Arbeitsfroh und hoffnungsreich« – und auch dazu gibt es interessante Daten. Die OECD wertet regelmäßig aus, wie viele Arbeitsstunden pro Beschäftigten und Jahr anfallen. Diese Statistik beinhaltet klarerweise auch Teilzeitbeschäftigungen. Interessant ist aber, dass Deutschland die geringsten Arbeitsstunden je Beschäftigten der EU ausweist (1 356 Stunden im Jahr), es folgen mit Dänemark (1 408), den Niederlanden (1 433) und Schweden (1 453) weitere sehr erfolgreiche Volkswirtschaften. Dann kommt Österreich (1 487) vor Frankreich (1 514). Die vermeintlich »faulen Griechen« arbeiten je Beschäftigten übrigens 1 906 Stunden im Jahr, Platz eins innerhalb der EU. Dass das BIP sich nicht 1 : 1 mit der Zahl der Arbeitsstunden entwickelt, zeigt einmal mehr die enorme Bedeutung der Produktivität.

Heimat großer Töchter und Söhne
Nach einer Studie des Imperial College London lag der Median der Körpergröße bei zwanzigjährigen Männern in Österreich

im Jahr 2014 bei 177,4 Zentimetern: Das heißt, die Hälfte der Männer in Österreich war kleiner als 177,4 Zentimeter, die andere Hälfte größer. Das ist Platz 32 der 189 untersuchten Länder, die Spitzenplätze nehmen die Niederlande (182,5 cm), Belgien (181,7 cm) und Estland (181,6 cm) ein, die kleinsten Männer leben in Osttimor (159,8 cm), dem Jemen (159,9 cm) und Laos (160,5 cm). Und bei den Frauen? Einen Platz besser, Platz 31 mit 164,6 Zentimetern. Hier führen Lettland (169,8 cm) vor den Niederlanden (168,7 cm) und Estland (168,7 cm). Die kleinsten Frauen leben in Guatemala (149,4 cm), auf den Philippinen (149,6 cm) und in Bangladesch (150,8 cm).

Gut, bei der Körpergröße ist im internationalen Vergleich also nichts zu holen, kommen wir zurück nach Österreich und schauen uns dort die neugeborenen Töchter und Söhne an. Diese wogen 2017 bei Geburt im Durchschnitt 3 318 Gramm und waren 50,6 Zentimeter groß. Den höchsten Anteil an relativ schweren Babys (mehr als 4 500 Gramm Geburtsgewicht) hatten übrigens Niederösterreich, Oberösterreich und Vorarlberg mit je 1,1 Prozent. Am wenigsten »Brockerl« kamen in Tirol mit 0,4 Prozent der Lebendgeborenen zur Welt. Die meisten Babys (98,4 Prozent) kamen dabei in einem Krankenhaus zur Welt – immerhin 31 aber auch während des Transportes.

In den letzten 30 Jahren (1989–2018) hatte immer das gleiche Bundesland die niedrigste Fertilitätsrate – das Burgenland. Und bis auf 2013 (da war es Oberösterreich) hatte immer Vorarlberg die höchste Fertilitätsrate aller Bundesländer. 2018 lag diese in Vorarlberg bei 1,68, in Österreich insgesamt bei 1,48 und im Burgenland bei 1,38. Österreichweit waren dabei 3,1 Prozent der Geborenen Mehrlingsgeborene (die allermeisten davon Zwillinge, es gab nur 22 Drillingsgeburten, also 66 neugeborene Drillinge 2018). Den höchsten Anteil an Mehrlingsgeborenen hatte das Burgenland (3,6 Prozent), den geringsten Kärnten (2,3 Prozent). Warum das so ist, entzieht sich meiner Kenntnis –

es wechselt auch in den verschiedenen Jahren, ebenso wie die Verteilung der Geburten über das Jahr.

Die meisten Geburten in den vergangenen zehn Jahren (2009–2018) gab es im Juli: Achtmal lag der Juli vorne, einmal der August, einmal der September. Das sind auch die Top-3-Monate. 2018 war der Juli der stärkste Geburtsmonat, allerdings nicht in jedem Bundesland. Das Burgenland hatte die meisten Geburten im August, Kärnten im Mai. Spannend ist, dass es einige Monate in den letzten zehn Jahren nie – auch nicht in einem Bundesland – auf den ersten Platz schafften. Klar, der Februar hat mit (meist) 28 Tagen einen Startnachteil, aber auch die 30-Tage-Monate April und November und sogar die 31-Tage-Monate März und Dezember schafften es nie auf Platz eins. Das gelang dem Januar dreimal (zweimal im Burgenland, einmal in Salzburg), dem Mai zweimal, und zwar 2017 in Vorarlberg, 2018 in Kärnten, und dem Juni dreimal (immer im Burgenland). Juli und August schafften es mehrfach und schon in allen Bundesländern auf den ersten Platz, September und Oktober waren auch stark vertreten. Es gibt also auch hier gewisse Muster, die höhere Geburtenzahlen im Sommer und Herbst mit sich bringen.

Mit Blick auf Kinder ist auch etwas anderes spannend: Die Unehelichenquote. Nicht, dass das wichtig wäre, denn für das Kind ist es wohl kaum entscheidend, ob seine Eltern bei der Geburt verheiratet waren oder nicht. Spannend ist aber die Persistenz der Entwicklung: Seit 1978 – in diesem Jahr hat Kärnten das Land Salzburg von der Spitze verdrängt – hatte bis auf 1988 (da war es noch einmal Salzburg) immer Kärnten die höchste Unehelichenquote. Seit 41 Jahren vierzigmal Platz eins an Kärnten. Interessant auch: Wien hat immer eine sehr niedrige Quote – und seit 2005 durchgängig die niedrigste in ganz Österreich. In Wien werden also prozentual die meisten Kinder innerhalb einer klassischen Ehe geboren. Das entspricht vermutlich nicht ganz dem Bild, das man im Kopf hat.

Zunächst: Die Quote der außerhalb einer Ehe geborenen Kinder ist seit 1970 stark angestiegen: Von knapp 13 auf 41 Prozent. Daten für Wien weisen allerdings darauf hin, dass die Unehelichenquote früher ebenfalls bei fast 50 Prozent lag – jedenfalls in Wien wurden diese Werte im ausgehenden 19. Jahrhundert bereits erreicht.

Geburten nach Legitimität, Wien und Österreich

Quellen: bis 1956: Statistische Mitteilungen der Stadt Wien 4/2000; ab 1961: Statistik Austria, Demografische Indikatoren, Zeitreihe

Seit vielen Jahren liegt Kärnten auf Platz eins. Warum das so ist, entzieht sich meiner Kenntnis. Vermutlich dürfte diese Entwicklung aber eine lange Tradierung und damit historische Wurzeln haben. Aktuell ist die Reihung der Bundesländer nach der Unehelichenquote wie folgt auf Seite 120:

Unehelichenquote in den Bundesländern 2018	
Kärnten	51,7%
Steiermark	48,8%
Tirol	45,4%
Burgenland	43,4%
Oberösterreich	42,1%
Salzburg	41,6%
Niederösterreich	39,7%
Vorarlberg	37,6%
Wien	33,9%

Quelle: Statistik Austria

Volk, begnadet für das Schöne

Österreich begreift sich selbst als Kulturnation: Theater, Museen, Konzertsäle und das Kabarett seien genannt. Wie zentral das Thema »Kultur« – vor allem in der traditionellen und etwas lieblichen Variante – als Gründungsmythos für Österreich ist, beschreibt Oliver Rathkolb in seinem Buch *Die paradoxe Republik* wunderbar. Er arbeitet hier die Bedeutung der – meist traditionellen – Kultur für das Ego in Österreich heraus.

Auch zur Kultur gibt es Daten – und europäische Vergleiche. 4,1 Prozent der Beschäftigten sind in Österreich im Kulturbereich tätig. Das liegt zwar über dem Schnitt der EU (3,8 Prozent), Österreich befindet sich hier – entgegen der Selbstwahrnehmung – aber nur im gehobenen Mittelfeld. Die Spitzenreiter sind Estland (5,5 Prozent) und Schweden (4,8 Prozent) vor vier Ländern mit 4,7 Prozent (Malta, Slowenien, Finnland, Vereinigtes Königreich). Österreich liegt auf Platz 11, Deutschland auf Platz 12 von 28. Mit 1,2 Prozent des BIP sind auch die öffentlichen Ausgaben für Freizeitgestaltung, Kultur und Religion nur leicht überdurchschnittlich (EU: 1,1 Prozent). Immerhin: Bei den privaten Kulturausgaben liegt Österreich auf Platz 4 (nach Luxemburg, Zypern und Belgien).

Daten zur Kultur sind nicht so leicht zu erstellen, da Kultur oft im Kleinen stattfindet. Ein paar beeindruckende Zahlen der Statistik Austria: 2017 wurden 10,3 Millionen Museumsbesuche vermerkt. Die zehn meistbesuchten Museen 2017 waren das Schloss Schönbrunn, das Obere Belvedere, die Albertina, die Hofburg Wien (Kaiserappartements, Silberkammer und Sisi Museum), das Kunsthistorische Museum Wien, das Naturhistorische Museum Wien, das Festungsmuseum in Salzburg, die Swarovski Kristallwelten, das Technische Museum Wien und das Untere Belvedere. In den letzten 15 Jahren besuchten allein 41,5 Millionen Besucherinnen und Besucher das Schloss Schönbrunn (wovon wohl ein erheblicher Anteil auf den Tourismus entfällt), 2017 waren es 3,8 Millionen. Beim zweitplatzierten Oberen Belvedere (in Wien) waren es bereits »nur« noch 948 200 Besucherinnen und Besucher.

In den wissenschaftlichen Bibliotheken in Österreich werden 35 Millionen Bücher aufbewahrt. 2017 erschienen exakt 8 691 neue österreichische Bücher.

Schließlich: In Österreich gibt es 562 Kinosäle (145 davon in Wien, 94 in Nieder- und 91 in Oberösterreich), und 15,3 Millionen Kinobesuche wurden 2017 vermerkt. Über 70 Prozent der Besucher sahen dabei Filme aus den USA, 14 Prozent Filme aus Deutschland und trotz recht erfolgreicher Streifen 2017 (*Wilde Maus, Die beste aller Welten, Die Migrantigen*) nur knapp 5 Prozent Produktionen aus Österreich.

Kultur spielt zweifelsohne eine große Rolle in Österreich. Über die vielen kleinen Theater gibt es keine Statistik; nur die großen zu nehmen verzerrt das Bild. Dennoch seien sie hier genannt, denn die Theaterszene in Österreich ist vermutlich wirklich einzigartig, auch wenn sich das statistisch schwer belegen lässt. Hier muss also ausnahmsweise die Wahrnehmung ausreichen.

Viel gerühmtes Österreich

Die österreichische Hymne ist – wie alle Hymnen – eine Tochter ihrer Zeit. Zwar hat man mit der Hereinnahme der »Töchter« in den Text einer gesellschaftlichen Entwicklung Rechnung getragen, dennoch würde man eine Hymne heute wohl nicht so aufbauen. Obwohl eine deutliche Mehrheit der Österreicherinnen und Österreicher in Städten lebt, kommt das Thema Stadt in der Hymne nicht vor. Natürlich, Berge und Donau sind charakteristische Merkmale Österreichs, »Äcker« und »Hämmer« aber weniger, und »Dome« spielen eine immer kleinere – wenngleich noch immer wichtige – Rolle. Dagegen müsste man heute auf Bildung, Forschung und Entwicklung setzen, wenn man die Herausforderungen der Zukunft angehen will (»zukunftsreich«). Schon zum Zeitpunkt ihrer Einführung 1946/47 waren einige technische Entwicklungen deutlich vorangeschritten, und der Hymnentext war eher in der Vergangenheit verhaftet. Die erste Strophe eignet sich aber treffend für einen Überblick über die Daten in Österreich. Und es passt sehr gut in dieses Buch, wird doch die von Joseph Haydn komponierte Melodie der alten Kaiserhymne (»Gott erhalte Franz den Kaiser«) heute als Melodie der bundesdeutschen Nationalhymne verwendet.

AUSTRONOMICS

Wir haben bereits gehört, dass es der Wirtschaft in Österreich insgesamt sehr gut geht – ohne dabei jedoch auf Verteilungsfragen und damit auf die relevanten Ausnahmen einzugehen. Dennoch entsteht in der täglichen Debatte oft der Eindruck, wir stünden kurz vor dem Zusammenbruch wahlweise der Konjunktur (»abgesandelt«), des Pensionssystems oder der öffentlichen Verwaltung. Das hat mehrere Gründe: Erstens nutzen Interessengruppen eine alarmistische Sprache, um Probleme größer zu machen, als sie sind – um dann mit entsprechenden »Lösungen« um die Ecke zu kommen beziehungsweise unpopuläre Maßnahmen durchzusetzen, beispielsweise die Verlängerung der Höchstarbeitszeit. Zweitens scheint es in Österreich eine besonders ausgeprägte Sehnsucht nach schlechten Nachrichten zu geben, und drittens ist »Wir sind gut unterwegs« keine Schlagzeile für die Medien. Im Gegenteil: Es wird einem vermutlich noch Schönfärberei vorgeworfen, denn gute Nachrichten können ja nur beschönigt sein.

Nun könnte man das Motschkern und Sudern als regionale Folklore getrost ignorieren, wenn es nicht reale Auswirkungen auf die wirtschaftspolitischen Entscheidungen hätte. Wirtschaft ist zu erheblichen Teilen auch Psychologie und Image, und die »abgesandelt«-Aussage von Christoph Leitl war nicht nur sachlich falsch, sondern vermutlich für den Standort eher schädlich. Es lohnt sich also, sich die Daten anzusehen.

Im Vergleich mit dem wirtschaftlich enorm starken Deutschland haben wir gesehen: Österreich braucht sich nicht zu verstecken! Um das gute Sozialsystem wird Österreich von vielen beneidet. Die Infrastruktur ist in einem ausgezeichneten Zustand, das Wohlstandsniveau gehört zu den höchsten in Europa. Das alles kostet Geld – auch hier haben wir gesehen, dass Österreich einen deutlich höheren Anteil des BIP als etwa Deutschland in Investitionen steckt. Die Steuern und Abgaben sind in Österreich daher vergleichsweise hoch, allerdings hat man davon auch enorme Leistungen: Straßen, Schulen, Schwimmbäder, der öffentliche Verkehr, die Wasserversorgung – alles in einem exzellenten Zustand. Die Pensionen, die Versorgung in Lebenssituationen, in denen man nicht für sich selbst sorgen kann (Arbeitslosigkeit, Krankheit): gut. Die Österreicherinnen und Österreicher haben sich hier für den Weg der Qualität entschieden und nehmen dafür höhere Ausgaben in Kauf. Diese Entscheidung scheint mir grundvernünftig – auch wenn sie immer wieder politisch angegriffen wird, zuletzt mit dem Ziel, die Abgabenquote unter 40 Prozent zu senken. Warum 40 Prozent? Was ist eigentlich die inhaltliche Begründung dafür? Wäre nicht vielmehr zu fragen: »Welche Leistungen wollen wir öffentlich anbieten?«, und daraus dann abzuleiten, wie man das mit einem möglichst effizienten Mitteleinsatz erreicht? Daraus würde sich dann eine Abgabenquote ergeben, in welcher Höhe auch immer. Der österreichische Weg, mit der Sozialpartnerschaft möglichst alle mitzunehmen, ist jedenfalls erfolgreich. Andere Modelle sind das durchaus auch, da man aber gewachsene Systeme nicht einfach umgebaut bekommt, scheint es sehr vernünftig, an einem erfolgreichen Modell dem Grunde nach festzuhalten.

Blicken wir zunächst zurück, wie sich denn der Wohlstand entwickelt hat. Hans Rosling weist in seinem Bestseller *Factfulness* zu Recht darauf hin, dass wir das systematisch falsch einschätzen. Wir sind selbst in der Zeitspanne unseres eigenen Lebens offenbar nicht in der Lage, uns zu erinnern, wie es uns ökonomisch als Kindern gegangen ist. Auch hier helfen die Daten.

Eltern aus Venezuela

1950 Betrug das Bruttoinlandsprodukt zu laufenden Preisen in Österreich 3,8 Milliarden Euro. Zu dieser Zeit waren meine Eltern bereits geboren. Ich selbst wurde 1977 geboren, in diesem Jahr lag das BIP zu laufenden Preisen in Österreich bei 61,3 Milliarden Euro. 2018, also 41 Jahre später, beträgt es 386,1 Milliarden Euro, es hat sich also allein in meiner Lebenszeit mehr als versechsfacht, seit meine Eltern geboren wurden, mehr als verhundertfacht. Das ist kein Tippfehler: Das nominale BIP ist heute über hundertmal so hoch wie 1950!

Natürlich, das sind nominelle – also nicht um die Inflation bereinigte – Werte, und auch die gewachsene Einwohnerzahl relativiert diese Entwicklung etwas. 1950 hatte Österreich 6,9 Millionen Einwohner, heute sind es knapp 8,9 Millionen, schauen wir uns das genauer an.

Rechnet man die Inflation heraus und rechnet zu heutigen Preisen, so hat sich das BIP seit 1950 immer noch mehr als verneunfacht und seit 1977 mehr als verdoppelt. Real, also unter Berücksichtigung der Preisentwicklung.

Nimmt man nun das reale BIP pro Kopf in heutigen Preisen, dann hatte die Generation meiner Eltern im Jahr 1950 etwa 6.000 Euro. Ein BIP von 6.000 Euro pro Kopf entspricht dem heutigen Entwicklungsstand der Dominikanischen Republik oder von Venezuela. Seither hat sich das reale BIP pro Kopf mehr als versiebenfacht. Das sollte man sich gelegentlich vor Augen führen. Das bedeutet auch, dass die heutigen Entwicklungsländer enorme wirtschaftliche Perspektiven haben, wenn es ihnen gelänge und wenn man es ihnen auch ermöglichte, einen ähnlichen Weg einzuschlagen wie Europa nach dem Zweiten Weltkrieg.

Seit meiner Geburt (1977) hat sich das reale BIP pro Kopf in Österreich knapp verdoppelt. Wir haben pro Kopf real doppelt so viel Wirtschaftsleistung wie vor 42 Jahren. Das ist eine enorme Entwicklung. Es ist erstaunlich, dass sich viele Menschen offenbar nicht bewusst daran erinnern können, welche Möglichkeiten sie damals hatten – und welche heute. Diese Wahrnehmung ist vermutlich auch deswegen verzerrt, weil vieles irgendwie schon immer da war: der PC, das Smartphone, das klimatisierte Auto, Urlaube und Städtetrips etc. Natürlich, der Durchschnitt heißt nicht, dass alle gleich profitiert haben. Und es gibt genügend Leute, die sich genau das oben Beschriebene nicht leisten können und daher auch von der gesellschaftlichen Teilhabe ausgeschlossen sind. Es ist sogar so, dass manche Annehmlichkeiten der einen – etwa billige Lieferservices – zulasten der anderen (der Fahrer) gehen können. Der Durchschnitt sagt nichts über die Verteilung des Wohlstandes aus (Sie erinnern sich an die Schulklasse von Jeff Bezos?). Dass alle am wachsenden Wohlstand partizipieren können, ist eine Hauptaufgabe der Politik, und die Verteilungsdebatte gehört dringend ins Zentrum gerückt. Das ist ein Thema für ein weiteres Buch, dennoch: Es ist schon faszinierend, wie stark sich Österreich wirtschaftlich entwickelt hat – und wie wenig das wahrgenommen wird. Es ist daher wichtig, darauf hinzuweisen, welche Möglichkeiten wir heute haben. Ob wir diese alle sinnvoll nutzen, steht auf einem anderen Blatt.

Wettbewerbsfähigkeit
Die gefühlten Probleme des Wirtschaftsstandortes führen zu realen politischen Entscheidungen. So wurde etwa die Ausweitung der wöchentlichen Arbeitszeit im Jahr 2018 mit der Steigerung der Wettbewerbsfähigkeit begründet. Es müsse den Unternehmen mehr Flexibilität eingeräumt werden. Die Frage,

die sich aufdrängt: Stimmt das eigentlich? Hat Österreich ein Problem mit der Wettbewerbsfähigkeit? Was sagen die Daten?

Wettbewerbsfähigkeit heißt, dass Produkte und Dienstleistungen am internationalen Markt verkauft werden können. Dabei handelt es sich einerseits um Fragen der Qualität der Produkte und Dienstleistungen, andererseits um den Preis. Entscheidend sind dabei aber nicht die absoluten Kosten – also etwa: Was kostet mich eine Arbeitsstunde? –, sondern die nominalen Lohnstückkosten als Verhältnis von Nominallohn je Erwerbstätigen zur Erwerbsproduktivität (preisbereinigtes BIP pro Erwerbstätigen). Wenn die nominalen Löhne in Land A doppelt so hoch sind wie in Land B, aber die Erwerbsproduktivität in Land A mehr als doppelt so hoch ist – also beispielsweise in Land A drei Stück pro Stunde produziert werden, hingegen in Land B nur eines –, dann ist Land A trotz der höheren nominalen Arbeitskosten wettbewerbsfähiger als Land B. Das ist ein entscheidender Punkt, weil die österreichische Wirtschaft nicht mit den niedrigen Löhnen in Osteuropa mithalten kann. Allerdings ist die Wirtschaft enorm produktiv – und daher ist Österreich eben auch gut auf dem internationalen Markt positioniert.

Das kann man auch an der Leistungsbilanz ablesen: Österreich exportiert mehr Waren und Dienstleistungen, als es importiert. Zieht man die Statistiken von Eurostat heran, so sieht man, dass Österreich seit dem Jahr 2002 jedes Jahr eine positive Leistungsbilanz hat, das heißt, mehr Waren und Dienstleistungen exportiert als importiert. Am höchsten war dieser Leistungsbilanzüberschuss 2008 mit 4,5 Prozent des BIP. Zurzeit, also 2018, beträgt das Plus 2,3 Prozent des BIP, im Durchschnitt der letzten zehn Jahre waren es 2,2 Prozent. An der Wettbewerbsfähigkeit der österreichischen Volkswirtschaft kann also kein Zweifel bestehen, im Gegenteil: Die dauerhafte Aufhäufung von Leistungsbilanzüberschüssen kann ein Problem werden. Dazu müssen wir etwas in die Ökonomie einsteigen.

Alles, was von einem Land exportiert wird, muss von einem anderen Land importiert werden. Anders formuliert: Exporte und Importe addieren sich weltweit zu null. Deshalb ist das Konzept der Wettbewerbsfähigkeit auch ein relatives: Es können nicht alle »wettbewerbsfähiger« werden, sondern man kann immer nur zulasten anderer gewinnen. Wenn Österreich seinen Leistungsbilanzüberschuss ausweitet, dann müssen woanders Leistungsbilanzdefizite wachsen (oder Überschüsse schrumpfen). Denn in Summe müssen sich Exporte und Importe – wie gesagt – zu null addieren, jedenfalls solange wir keine außerirdischen Abnehmer für unsere Produkte gefunden haben.

Was aber bedeutet nun ein Leistungsbilanzüberschuss? Das Ausland verschuldet sich gegenüber Österreich. Das Ausland muss den Überschuss an Waren und Dienstleistungen, den es aus Österreich bezieht, als Volkswirtschaft begleichen. Nun ist es zwar möglich, auch dauerhaft Leistungsbilanzdefizite (= Verschuldungspositionen) gegenüber anderen Ländern aufrechtzuerhalten, aber es ist problematisch, diese Defizite immer weiter zu erhöhen. Genau deshalb sind ausgeglichene Außenhandelsbilanzen ein wirtschaftspolitisches Ziel, allerdings eines, das in den vergangenen Jahren deutlich in den Hintergrund gerückt ist. Das ist ein Problem, weil die Ungleichgewichte im Außenhandel zu instabilen Volkswirtschaften führen können. Im Extremfall kann das Ausland seine Positionen nicht mehr begleichen (weil es ökonomisch dazu nicht mehr in der Lage ist), und das Exportland erhält seine Exporte dann faktisch nicht mehr bezahlt.

Bevor in Europa die gemeinsame Währung eingeführt wurde, hatte man die Chance, solchen Ungleichgewichten auch durch Änderungen der Wechselkurse zu begegnen. Der lange andauernde Überschuss Deutschlands und Österreichs hätte zu einer Aufwertung der D-Mark und des Schillings geführt.

Das heißt: Österreicherinnen und Österreicher hätten sich im Ausland (Urlaub) oder aus dem Ausland (Importe) mehr leisten können, gleichzeitig wären die Exporte Österreichs aber teurer (= weniger wettbewerbsfähig) geworden. Diese Effekte hätten zu einem Ausgleich der Leistungsbilanz beigetragen und vor allem die deutsche Politik der Exportüberschussmaximierung unterbunden. Denn klar ist auch: Defizitländer müssen Geld verdienen, damit sie ihre Schulden begleichen können. Andernfalls können die Leistungsbilanzüberschussländer – was für ein Wort! – ihre Exporte abschreiben.

Österreich punktet also mit einer hohen Produktivität und hoher Qualität und ist international hoch wettbewerbsfähig. Dazu kommen eine sehr gute öffentliche Infrastruktur und ein funktionierender Sozialstaat, all das trägt zur enormen wirtschaftlichen Fähigkeit des Landes bei. Die 60-Stunden-Woche war zwar politisch gewollt und auch von Unternehmen gefordert, aus Gründen der Wettbewerbsfähigkeit war sie allerdings nicht zwingend notwendig. Gleiches gilt übrigens für die Streichung des Karfreitags für Protestanten.

Schauen wir uns die Struktur der Wirtschaft genauer an.

Land der Dienstleistungen

Die Wirtschaftsstruktur in Österreich ist dienstleistungsdominiert: Gute 70 Prozent der Bruttowertschöpfung sind dem tertiären Sektor zuzurechnen. 28,5 Prozent stammen aus dem Bereich der Produktion (sekundärer Sektor), ein gutes Prozent lässt sich der Forst- und Landwirtschaft (primärer Sektor) zurechnen.

Das war nicht immer so: In den 1960er-Jahren hatte die Forst- und Landwirtschaft noch 11 Prozent, der Dienstleistungsbereich 42 Prozent, und der produzierende Bereich war mit 47 Prozent dominant. Dieser Strukturwandel hat sich allerdings in allen Ländern der EU vollzogen und ist keine österreichische

Besonderheit. Wir haben ja bereits gesehen, dass sich die Verteilung auf die Sektoren zwischen den Bundesländern unterscheidet.

Der österreichische Wohlstand verdankt sich dabei wissensintensiven Produkten und Dienstleistungen. Hier wurde und wird viel investiert, mit knapp 3,2 Prozent des BIP gab Österreich im Jahr 2017 den zweithöchsten Wert in der EU (nach Schweden) für Forschung und experimentelle Entwicklung aus. Dieser Wert konnte kontinuierlich gesteigert werden. Österreich investiert also erhebliche Summen in die Zukunft, schafft es derzeit aber noch nicht, zu den Innovation Leadern aufzusteigen. Im European Innovation Scoreboard wird Österreich als »Strong Innovator« geführt, die zweithöchste Kategorie. Zum führenden – Schweden – ist es aber doch ein gewisser Abstand, und auch die Gruppe der sechs Innovation Leader ist noch nicht erreicht. Dennoch: Forschung und Entwicklung stellt eine besondere Stärke des Standortes dar, insbesondere die Steiermark, aber auch Wien ist hier zu nennen. In diesen beiden Bundesländern gehen am meisten Ressourcen in Forschung und Entwicklung, wobei die Steiermark hier doch einen Vorsprung auf Wien und die folgenden sieben Bundesländer hat.

Ebenfalls in die Kategorie der Investitionen in die Zukunft fällt die Frage der Ausbildung. Österreich verfügt einerseits über ein viel beachtetes duales Ausbildungssystem, andererseits ist auch der Anteil der Tertiärabschlüsse zu nennen. Bei den 30- bis 34-Jährigen, also der jungen Erwerbsbevölkerung, erreicht Österreich eine Quote an akademischen Abschlüssen[21] von 40,7 Prozent und liegt damit exakt im Durchschnitt der EU. Auch hier gab es eine positive Entwicklung, allerdings kommen fünf Staaten der EU auf Werte von 50 Prozent und mehr. Die Bildungsstatistiken sind nicht ganz unproblematisch, es wurde versucht, die Bewertung der Abschlüsse unabhängig von der formalen Bezeichnung zu vereinheitlichen. Das Duale System stellt dennoch eine Ausnahme für Deutschland und Österreich dar. Und Deutschland kommt lediglich auf knapp 35 Prozent Akademikerquote.

Die Konsequenz der Investitionen in die Zukunft zeigt sich auch deutlich: Die Arbeitsproduktivität je Erwerbstätigen ist in Österreich 16,3 Prozent höher als im Durchschnitt der EU. Damit liegt die Alpenrepublik nach Irland, Luxemburg und Belgien auf Platz vier in der Europäischen Union. Diesen Weg weiter zu bestreiten ist die Herausforderung der kommenden Jahre. Arbeitsplatzprognosen sind nicht ganz einfach, es wird jedoch von einem Zuwachs an Jobs im Sozialbereich ausgegangen – und in qualifizierten Dienstleistungsberufen wie etwa dem IT-Sektor.

Kleine Unternehmen dominieren – aber nicht bei den Jobs
In der öffentlichen Wahrnehmung dominieren oft die Leitbetriebe wie Magna Steyr oder Red Bull, in der österreichischen Wirtschaft sind aber überwiegend kleine und mittelständische Betriebe aktiv. 87 Prozent der Betriebe in Österreich haben weniger als zehn Mitarbeiterinnen und Mitarbeiter. Immerhin ein Viertel (24,6 Prozent) der Beschäftigten in Österreich sind in diesen Kleinunternehmen tätig, die auch für 19 Prozent der Wertschöpfung und für 19 Prozent der Investitionen verantwortlich sind.

Umgekehrt haben nur 1 160 Betriebe in Österreich 250 und mehr Mitarbeiterinnen und Mitarbeiter, was 0,4 Prozent der Unternehmen sind. Diese beschäftigen jedoch fast ein Drittel (32,4 Prozent) aller Beschäftigten in Österreich, sind für 38,4 Prozent der Bruttowertschöpfung verantwortlich und tätigen 37,2 Prozent der Investitionen. Überproportional hohe Investitionen tätigen übrigens Unternehmen zwischen 50 und 249 Beschäftigten.

Darüber hinaus ist Österreich durchaus dynamisch: 2017 wurden in Österreich 42 417 Unternehmen gegründet. Zwar liegen die Gründungen insgesamt auf einem historisch niedrigen Wert und die Anzahl der durch Gründungen neu geschaffenen Jobs weist mit 66 261 sogar den niedrigsten Wert seit 2007 auf, allerdings gingen durch Unternehmensschließungen auch »nur« 56 076 Jobs verloren – in Summe steht also ein Plus von gut 10 000 Jobs.

Die regionale Verteilung der Neugründungen entspricht durchaus der Wirtschaftskraft: Mit 24,3 Prozent findet sich die größte Anzahl neuer Unternehmen in der Bundeshauptstadt Wien, bei den Schließungen liegt Wien mit 25,4 Prozent ebenfalls vorne. Die höchste Gründungsrate (bezogen auf bestehende Unternehmen) hat das Burgenland, die niedrigste Tirol. Die höchste Schließungsrate hat ebenfalls das Burgenland, die niedrigste wieder Tirol. Betrachten wir die relevanteste Kennzahl, nämlich die Beschäftigungsverhältnisse: Von den neu entstandenen Jobs abzüglich der durch Schließungen wegfallenden Jobs entfielen 2017 rund 22,8 Prozent auf Wien, gefolgt von der Steiermark mit 19,8 Prozent. Allerdings entstehen Jobs natürlich nicht nur durch Gründungen, sondern vor allem auch durch das Wachstum bestehender Unternehmen – die Arbeitsmarktdaten sehen wir uns gleich noch an.

Schaut man sich nun noch Ansiedlungen aus dem Ausland an, dann liegt der Fokus wieder auf Wien: Betrachtet man die von der Austrian Business Agency bearbeiteten Ansiedlungen, so kommt Wien im Jahr 2017 auf 157, der gesamte Rest des Landes auf 187 Betriebsansiedlungen. Zählt man die Ansiedlungen der Wiener Wirtschaftsagenturen hinzu, dann vereint die Bundeshauptstadt mit 191 Ansiedlungen etwa die Hälfte auf sich. Medial berichtet wird oft aber über Ansiedlungen über Bundesländergrenzen (etwa der Schwedenbomben-Hersteller Niemetz von Wien nach Niederösterreich oder Prangl von Niederösterreich nach Wien), was für den Arbeitsmarkt aber nicht entscheidend ist, weil keine zusätzlichen Beschäftigungsverhältnisse in Österreich entstehen – im Extremfall ändern sich nur die Pendlerströme. Daher sollte der Anreiz steigen, sich um internationale Ansiedlungen zu bemühen, wohingegen der Wettbewerb zwischen den Bundesländern schnell eine reine Prestigegeschichte ohne ökonomischen Mehrwert für das Land als Ganzes werden kann.

Ein weiteres Thema im Bereich Gründungen und Ansiedlungen sind die Start-ups. Hier hat das Magazin *Trend* die 100 interessantesten Start-ups Österreichs bewertet – 70 dieser 100 kamen aus Wien, hier lässt sich demnach ein eindeutiger Schwerpunkt festmachen, was angesichts der Struktur der meisten Start-ups auch nicht überrascht. Auch in anderen Städten in Österreich tut sich einiges – man denke etwa an das Zentrum für Kreativwirtschaft und Digitalisierung in der Tabakfabrik in Linz.

Bundesländer-Wettrennen

Nun haben unterschiedliche Regionen in Österreich unterschiedliche Stärken, und in Summe machen diese eben die Stärke von Österreich aus. Etwas sportlicher Wettbewerb schadet nie, und Vergleiche zwischen Bundesländern sind spannend – siehe dieses Buch. Letztendlich geht es aber um die Frage: Wie werden wir insgesamt besser? Und wo wollen wir besser werden? Wie dem auch sei, schauen wir uns die Wirtschaftsleistung der Bundesländer an.

Für 2018 liegen die vorläufigen Daten der regionalen Gesamtrechnung vor. Wien hat mit über 96 Milliarden Euro das mit Abstand größte Regionalprodukt, Oberösterreich folgt mit knapp 66 Milliarden auf Platz zwei. Das geringste regionale BIP weist das Burgenland mit rund 9 Milliarden Euro auf. Allerdings sind die Bundesländer unterschiedlich groß, weshalb man zum Vergleichen das Regionalprodukt auf die Größe der Bevölkerung umrechnen muss:

Bruttoregionalprodukt je EinwohnerIn 2018 (vorläufige Daten)	
Salzburg	€ 52.400
Wien	€ 51.000
Vorarlberg	€ 48.500
Tirol	€ 46.100
Oberösterreich	€ 44.600
Steiermark	€ 40.000
Kärnten	€ 37.200
Niederösterreich	€ 36.500
Burgenland	€ 30.700

Quelle: Statistik Austria

Salzburg und Wien liegen mit einigem Abstand an der Spitze, das Burgenland am Ende der Bundesländer. Der österreichweite Wert liegt übrigens bei 43.600 Euro, fünf Länder liegen demnach über dem Durchschnitt, vier darunter. Salzburg hat sich in den letzten Jahren ein Rennen mit Wien um Platz eins geliefert, mit derzeit knappem Vorsprung. Trotz des enormen Bevölkerungswachstums (was bei Pro-Kopf-Werten wichtig ist) liegt Wien nur knapp hinter dem Bundesland Salzburg. Allerdings ist anzumerken, dass die Bundeshauptstadt auch für viele Einpendler vor allem aus Niederösterreich und dem Burgenland Arbeitsort ist. Was sich in diesen Daten bemerkbar macht: Wien schneidet sehr gut ab, die beiden Auspendler-Bundesländer liegen am Ende der Rangliste, denn sie tragen mit der Arbeit in der Bundeshauptstadt erheblich zum Wiener Regionalprodukt bei – umgekehrt trägt das in Wien erwirtschaftete Einkommen dieser Bundesländer zur guten Kaufkraft dort bei. Das zeigt auch, dass es tendenziell zu wenige Arbeitsplätze in Niederösterreich und dem Burgenland gibt beziehungsweise diese Länder sich stark auf den Arbeitsplatzmotor Wien verlassen. So pendeln täglich 268 000 Menschen nach Wien ein (die meisten mit 194 000 aus Niederösterreich), jedoch nur 95 000 (davon 75 000 nach Niederösterreich, etwa zum Flughafen Schwechat) aus der Hauptstadt aus.

Betrachtet man das Wachstum des Regionalproduktes, dann ist bei den aktuellen Daten etwas Vorsicht geboten, da Statistik Austria in letzter Zeit starke Revisionen vorgenommen hat und die 2018er-Daten noch vorläufig sind. Über den Zeitraum der letzten zehn Jahre (2008–2017) hatten mit Kärnten, Wien, der Steiermark und Salzburg gleich vier Länder schwache reale Wachstumsraten von weniger als einem Prozent pro Jahr. Vorarlberg mit 1,5 Prozent und das Burgenland mit 1,4 Prozent führen diesen Vergleich an. Auch hier lassen sich die Auswirkungen der Finanz- und Wirtschaftskrise sehen.

Bei den Arbeitsmarktdaten sieht es wie folgt aus: Die Arbeitslosigkeit war 2018 in allen Bundesländern rückläufig, am stärksten in Tirol. Die mit Abstand höchste Arbeitslosigkeit hat Wien mit 12,3 Prozent[22], die niedrigste Tirol mit 4,9 Prozent. Generell gibt es ein deutliches Ost-West-Gefälle bei der Arbeitslosigkeit, was jedenfalls vermuten lässt, dass der Westen auch von seiner Nähe zu Deutschland profitiert, da die Bundesrepublik in den vergangenen Jahren eine sehr gute Entwicklung auf dem Arbeitsmarkt (mit Blick auf die Arbeitslosigkeit) vorzuweisen hatte.

Das Interessante – wir haben es schon beim Städtevergleich von Wien mit den anderen Millionenstädten im deutschen Sprachraum gesehen – ist, dass die Arbeitsmarktentwicklung in Österreich und in Wien durchaus positiv war und Wien hier im Durchschnitt der österreichischen Entwicklung liegt. In den letzten zwei Jahren ist in Österreich und in Wien die unselbstständige Beschäftigung um 4,3 Prozent gestiegen (den niedrigsten Wert hat Kärnten mit +3,2 Prozent, den höchsten die

Steiermark mit +5,5 Prozent). In den letzten fünf Jahren waren es in Österreich +6,8, in Wien +6,6 Prozent. Die hohe Arbeitslosigkeit in Wien ist also nicht einer schlechten Entwicklung am Arbeitsmarkt geschuldet, sondern dem Anstieg der Erwerbsbevölkerung.

Summa summarum haben die Bundesländer unterschiedliche Stärken. Kärnten hat einige schwierige Jahre hinter sich, zumal die Flurschäden der Hypo-Pleite aufzuarbeiten waren. Mit Infineon gibt es aber einen echten Leitbetrieb, der in Villach eine neue Fabrik errichten will. Der Westen des Landes ist stark mit Deutschland, aber auch der Schweiz verflochten und hat ein paar sehr gute Jahre hinter sich. Hier wird es vor allem darum gehen, den Fachkräftebedarf zu decken. Dazu sollte man sich dringend Menschen anderer Herkunft öffnen und gezielt um diese werben. Im Osten geht es vor allem darum, den Arbeitsmarkt zu stabilisieren – insbesondere auch, wenn die Konjunktur nachlassen sollte. Die Zuwanderungszahlen nach Wien nehmen seit 2016 deutlich ab, und auch Wien hat einige erfreuliche Ankündigungen (Boehringer Ingelheim investiert 700 Millionen Euro in ein neues Werk, die Central European University kommt aus Budapest, die OMV bündelt ihr Headquarter in Wien) zu vermelden. Dabei stehen alle Bundesländer vor der enormen Herausforderung, den technologischen Wandel zu gestalten.

Aber die Roboter ...
Es vergeht kaum ein Tag, an dem nicht Nachrichten über den Wandel der Wirtschaft und den damit angeblich einhergehenden Jobverlust zu lesen sind. »45 Prozent der heutigen Jobs durch Roboter bedroht«, heißt es im *Standard* im Dezember 2015. Im März 2014 schrieb die gleiche Zeitung: »Wie uns die Roboter das Fürchten lehren«. Im Januar 2016 war im *Kurier* zu lesen: »Wie wir 2030 arbeiten werden: Roboter werden viele Jobs vernichten, soziale Berufe an Bedeutung gewinnen«. Auch

2019 titeln zahlreiche Zeitungen zu diesem Thema, allerdings steht nicht mehr nur der Verlust von Arbeitsplätzen im Zentrum der Debatte. So heißt es in der Tageszeitung *Der Standard* im April 2019: »Kluge Computer werden nicht all unsere Jobs rauben – nur die lästigen«, Ähnliches liest sich anderswo auch.

Die Angst vor den Robotern ist keinesfalls neu. Die Titelseiten des deutschen Wochenmagazins *Der Spiegel*, die bereits aus den 1970er-Jahren stammen und immer wieder in diese Richtung gestaltet waren, werden bei aktuellen Präsentationen zum Thema fast inflationär eingesetzt. Natürlich sind die technologischen Entwicklungen der vergangenen Jahrzehnte beachtlich – Computer, Vernetzung, Mobilfunk, künstliche Intelligenz etc. –, aber Produktivitätsfortschritte sind im Kapitalismus nichts Neues. Das haben wir eingangs gesehen, denn der enorme Wohlstandsgewinn seit dem Zweiten Weltkrieg lässt sich dadurch erklären.

Dennoch sagen viele: Dieses Mal ist es anders. Die Technologie wird massenhaft Jobs vernichten. Das ist zwar kein neues Phänomen (man schaue sich nur die Beschäftigungsentwicklung in der Landwirtschaft an), die Frage ist aber: Wie gehen wir damit um? Denn zunächst ist es einmal so, dass neue Technologien ein Mehr an Möglichkeiten und Wohlstand schaffen. Sie »vernichten« nicht nur Jobs, sondern sie verändern vor allem Arbeit – und es gibt auch neue Tätigkeiten. Wie genau diese Entwicklung verlaufen wird, lässt sich nicht absehen, und schon John Maynard Keynes hat in den 1930er-Jahren über die »Wirtschaftlichen Möglichkeiten für unserer Enkelkinder« geschrieben. Sein Ergebnis: Wir kommen mit weniger Arbeit aus, und es kommt darauf an, das Leben sinnvoll zu gestalten. Damit hat Keynes das Thema bereits vor 90 Jahren präzise umrissen.

Welche Qualifikationen braucht es? Wie lange müssen wir arbeiten? Ergibt die Ausweitung der Lebensarbeitszeit Sinn, oder sollten wir eher über Arbeitszeitverkürzungen sprechen? Wie soll und kann Technologie sinnvoll genutzt werden? Es ist daher gut, dass es endlich eine Diskussion über die sinnvolle Verwendung der Technologien gibt, die sich etwa unter dem Schlagwort »Digitaler Humanismus« versammelt. Damit soll eine Debatte begonnen werden, wie die Technologien so gestaltet werden können, dass sie dem Menschen nutzen und der Demokratie zuträglich sind. Nicht der Mensch soll sich der Technik unterordnen, sondern die Technik dem Menschen. Oder, wie Wolf Lotter schreibt: »Das ist der Lackmustest der Innovation, der bestanden ist, wenn es gelingt, das Leben von immer mehr Menschen zum Guten zu wenden.«[23]

FRIDAYS FOR FUTURE – IN DER STADT UND AUF DEM LAND

2019 wird nicht das letzte Jahr sein, das Hitzerekorde (wenn auch nicht in Österreich) produziert. Der Klimawandel ist auch dank des Engagements zahlreicher Schülerinnen und Schüler zu einem zentralen politischen Thema geworden, und wie in anderen Politikfeldern sind gute Datengrundlagen zentral für die Debatte. Wetterdaten sind dabei generell gut verfügbar und zeigen deutlich den Anstieg der durchschnittlichen Temperatur. Dabei ist wichtig: Ein warmer Tag beweist genauso wenig den Klimawandel, wie ein verregneter Sommer ihn widerlegt – der langfristige Trend ist entscheidend.

Die große Herausforderung – und das nicht erst seit diesem Jahr – ist die Reduktion der weltweiten Treibhausgasemissionen, wie sie 2015 in Paris vereinbart wurde. Auch andere Themen spielen beim Klimaschutz eine Rolle. Im Folgenden werden wir uns dazu einige Daten ansehen, wobei hier vor allem die (vielleicht überraschenden) Unterschiede zwischen Stadt und Land aufgezeigt werden sollen. Sicher, sowohl das Leben auf dem Land als auch das Leben in der Stadt hat seine Vor- und Nachteile.

Städte sind die dynamischen Zentren unserer Zeit. Auf engstem Raum müssen hier Lösungen gefunden und das Zusammenleben unterschiedlichster Menschen muss organisiert werden. Forschung und Entwicklung sind ein stark urban geprägtes Phänomen, und Städte sind in den vergangenen Jahren deutlich schneller gewachsen, wohingegen manche ländlichen

Regionen sogar mit Bevölkerungsrückgängen zu kämpfen haben. Städte bieten Kulturangebote, kurze Wege für den täglichen Bedarf, Arbeitsplätze und eine unglaubliche Vielfalt an Lebensentwürfen.

Umgekehrt hat man auf dem Land mehr Platz, hat seine Ruhe, man lebt »im Grünen«, Wohnen ist deutlich preisgünstiger, es ist alles etwas gemütlicher, und man trifft in vielen Fällen funktionierende Strukturen in den Orten an. Wenn nun die Menschen, die in Städten leben wollen, in Städten leben, und die Menschen, die auf dem Land leben wollen, auf dem Land leben, dann wäre aus Sicht der eigenen Vorlieben schon einmal viel erreicht, wiewohl das nicht nur von Präferenzen, sondern auch von Möglichkeiten abhängt. Schauen wir uns die Daten an.

Wo die Menschen leben wollen
»2016 wollten noch 53 % der Befragten aufs Land ziehen. 2018 sind es nur noch 42 %«, schreibt sReal Immobilien bei der Auswertung ihrer Wohnumfrage. Und weiter: »Immobilienpreise und Angebote in den Ballungsräumen entsprechen zunehmend der Nachfrage, die ›Stärken‹ der Städte sind gefragt: Es gibt mehr Arbeitsplätze, bessere Infrastruktur mit öffentlichen Verkehrsmitteln, Geschäften, Schulen und Gesundheitseinrichtungen als in der ländlichen Idylle. Daher wollen mittlerweile wieder 39 % in eine Bundeshauptstadt oder Landeshauptstadt ziehen oder dortbleiben. Eine Bezirkshauptstadt bevorzugen 19 % der Befragten.«

Derzeit wohnen fast 33 Prozent der Österreicherinnen und Österreicher in den Landeshauptstädten beziehungsweise der Bundeshauptstadt, es würden jedoch gerne 39 Prozent dort wohnen. Gute 11 Prozent wohnen in den übrigen Bezirkshauptstädten; 19 Prozent würden dort gerne leben. Es lässt sich also sagen: Die Österreicherinnen und Österreicher wollen mehr in

EinwohnerInnen zum 1.1.2019 in Landes- und Bezirkshauptstädten			
	Anzahl Einwohner	Anteil Einwohner	Wunsch-wohnort
Landeshaupt-städte inkl. Wien	2 878 604	33%	39%
restl. Bezirks-hauptstädte	990 760	11%	19%
restliche Gemeinden	4 989 411	56%	42%
Insgesamt	**8 858 775**	**100,0%**	**100,0%**

Quelle: Statistik Austria; sReal Immobilien; eigene Berechnungen

den Städten leben, als sie es aktuell tun, wenngleich hier gegebenenfalls auch der jeweilige »Speckgürtel« zu berücksichtigen wäre. Die Erzählung vom »erzwungenen« Stadtleben (weil dort die Arbeitsplätze sind) stimmt demnach nicht.

Wanderung ist üblicherweise ein eher junges Phänomen, und die Ausbildungsmöglichkeiten sind in Städten vielfältiger als auf dem Land – insbesondere natürlich im Bereich des Studiums. Daher sind Städte demografisch jünger, 34,4 Prozent der Bewohnerinnen und Bewohner der Landeshauptstädte sind unter 30 Jahre alt, im restlichen Österreich sind es 31,1 Prozent. Den Spitzenplatz hat Graz mit 36,5 Prozent. Umgekehrt sind 8,5 Prozent der »Hauptstädter« 75 Jahre und älter, im restlichen Österreich sind es 9,9 Prozent. Städte sind zudem weiblicher: 51,3 Prozent der Landeshauptstadt-Einwohnerinnen und -Einwohner sind weiblich, im Rest des Landes sind es 50,6 Prozent. Auch das hat mit Wanderungsbewegungen zu tun.

Grünes Land – graue Stadt?

Auch wenn ein erheblicher Teil der Österreicherinnen und Österreicher lieber in der Stadt leben möchte als auf dem Land, so hält sich doch das Bild des idyllischen Landlebens hartnäckig. Und wird auch immer wieder propagiert. Dabei werden oft finanzielle Argumente genannt – die Preise für das Wohnen sind vermutlich selbst dann noch günstiger, wenn die höheren Fahrtkosten gegengerechnet werden, allerdings vergisst man dabei gerne die Lebenszeit, die man in Bahn oder Auto verliert. Auch das Thema »Leben im Grünen« wird oft als Argument angeführt. Dabei sollte man sich jedoch bewusst sein, dass das Leben in der Stadt in aller Regel von seiner Gesamtwirkung her ökologischer ist als auf dem Land – natürlich abhängig von weiteren Faktoren wie beispielsweise dem eigenen Reise- und Ernährungsverhalten. Wenn aber die Moderatorin und Autorin Charlotte Roche fordert: »Verlasst die Städte!«, dann ist das vor allem auch ökologisch höchst bedenklich.

Allein in die Landeshauptstädte und die Bundeshauptstadt pendeln täglich über 650 000 Erwerbspendler und weitere 115 000 Schülerpendler ein. Besonders betroffen von Erwerbs- und Schülerpendlern sind Wien mit knapp 300 000, Linz (125 000) und Graz (100 000). Das ist ökologisch wenig sinnvoll, zumal viele dieser Wege mit dem Pkw zurückgelegt werden.

Aber auch bei anderen Umweltdaten schneiden Städte deutlich besser ab. Aufgrund der Datenlage (die Daten liegen häufig nur auf Ebene der Bundesländer vor) soll im Folgenden Wien mit dem restlichen Österreich verglichen werden. Klar ist allerdings, dass Graz und Linz vermutlich Wien ähnlicher sind als dem »Rest der Steiermark« beziehungsweise dem »Rest Oberösterreichs«, da es bei der Frage des Energieverbrauches um die Dichte der Besiedlung, also um kurze Wege, ein dichtes öffentliches Verkehrsnetz etc. geht.

Fangen wir mit der vielleicht wichtigsten Kennzahl an: Die Treibhausgasemissionen, die so dringend gesenkt werden müssen und die zwar nicht regional wirken, aber regional verursacht werden.

Treibhausgasemissionen (THG) der Bundesländer				
	THG 2016 (Mio. t CO_2-Äquivalent)	je Einwohner (in t CO_2-Äquivalent)	je Einwohner AT = 100	Entwicklung 1990–2016
Burgenland	1,8	6,2	68	14%
Kärnten	4,7	8,4	92	5%
Niederösterreich	18,1	10,9	119	–2%
Oberösterreich	22,9	15,7	172	3%
Salzburg	3,7	6,8	74	11%
Steiermark	13,2	10,7	117	–6%
Tirol	4,8	6,5	71	16%
Vorarlberg	2,1	5,4	60	4%
Wien	8,4	4,5	50	0%
Österreich	79,7	9,1	100	1%

Quelle: Umweltbundesamt 2018; eigene Berechnungen

Hier liegt Wien mit 4,5 Tonnen CO_2-Äquivalent[24] pro Kopf um die Hälfte unter dem Wert von Österreich, Oberösterreich mit 15,7 Tonnen CO_2-Äquivalent je Einwohnerin bzw. Einwohner um 70 Prozent über dem Durchschnitt. Interessant sind die langfristigen Dynamiken: Nur Niederösterreich und die Steiermark konnten den absoluten Ausstoß senken, Wien blieb (trotz eines enormen Bevölkerungswachstums) konstant (+0,1 Prozent) – was pro Kopf einen Rückgang bedeutet –, die anderen sechs Bundesländer hatten mehr oder weniger große Zuwächse bei den Treibhausgasemissionen zu verzeichnen. Dabei sind strukturelle Faktoren von enormer Bedeutung, beispielsweise ist der Trend in Oberösterreich durch die Industrie beeinflusst. In vielen Bundesländern ist der Verkehr der wichtigste Emittent. Man kann zur besseren Vergleichbarkeit versuchen, bestimmte Emissionen herauszurechnen, was Cerveny und Veigl gemacht haben. Sie haben die Treibhausgasemissionen der Landwirtschaft, von Emissionshandelsbetrieben (Großindustrie und Energiewirtschaft) und des Flug- und Schiffsverkehrs nicht berücksichtigt, selbst dann liegt Wien aber im Schnitt um ein Drittel unter dem Durchschnittswert in Österreich.

Wien hat den geringsten Primärenergieverbrauch[25] der Bundesländer und gleichauf mit Vorarlberg den niedrigsten Verbrauch fossiler Energien. Den höchsten Verbrauch hat Oberösterreich vor Niederösterreich und der Steiermark. Besonders interessant: In der letzten Dekade war der Rückgang des Primärenergieverbrauches in Wien am stärksten, obwohl die Werte bereits vergleichsweise niedrig waren. Wien hat seine Führung in ökologischer Sicht also noch weiter ausbauen können.

Die Ursachen für den vergleichsweise geringen Energieverbrauch pro Kopf in Wien sind der geringere Anteil von produktivem und agrarischem Sektor in Wien sowie Verkehr und Wohnen. Insgesamt entfallen auf 1 000 Einwohnerinnen und Einwohner in Österreich 561,9 Pkws, die höchste Dichte hat das Burgenland mit 668,2, die niedrigste Dichte hat Wien mit 373,7 Pkws je 1000 Einwohnerinnen bzw. Einwohner.

Auch andere Städte kommen an die Werte von Wien nicht heran: Graz (474,6), Linz (508,1), Innsbruck (432,7) oder Salzburg (517,3) haben eine bedeutend höhere Pkw-Dichte, von Klagenfurt (617,2), St. Pölten (577,2) oder Eisenstadt inklusive Rust (675,8 und damit höher als das gesamte Burgenland) ganz zu schweigen. Die Österreicherinnen und Österreicher fahren übrigens am liebsten VW vor Audi, Opel, BMW und

Kfz-Dichte der Landeshauptstädte (je 1.000 EinwohnerInnen)				
	Kfz	Pkw	Motor-räder	Lkw
Eisenstadt*	886,3	675,8	57,1	71,8
Klagenfurt	797,9	617,2	68,2	55,5
St. Pölten	738,3	577,2	54,7	52,5
Linz	623,6	508,1	40,1	49,9
Salzburg	648,2	517,3	47,7	44,0
Graz	606,5	474,6	52,8	40,6
Innsbruck	567,1	432,7	51,0	44,2
Bregenz**	753,9	538,1	64,5	50,6
Wien	464,5	373,7	39,0	36,2

Quelle: Statistik Austria; *inkl. Rust; **Bezirk Bregenz

Ford. 55,8 Prozent der Fahrzeuge sind mit Dieselmotoren be-
stückt, 43 Prozent tanken Benzin und nur 0,4 Prozent sind
Elektroautos.

Gründe für die vergleichsweise geringe Dichte an Kraftfahrzeugen in Wien gibt es viele: Die dichte Bebauung, das
international gelobte Öffi-Netz und die 365-Euro-Jahreskarte,
die Parkplatzsituation und die Parkplatzpolitik können hier
genannt werden. Dies wirkt sich auch auf die Art des Energieverbrauches aus, da U-Bahn und Straßenbahn elektrisch betrieben werden. Wien kommt so auf einen Mobilitätsmix von
knapp 30 Prozent Muskelkraft (Fahrrad, Fußgänger) und jeweils über 30 Prozent Elektrizität und fossile Energieträger. In
Österreich insgesamt macht die fossile Energie hier über 60 Prozent aus. Wien hat ferner den geringsten Verbrauch für Heizung
und Warmwasser je Einwohnerin bzw. Einwohner, den höchsten haben Niederösterreich und das Burgenland.

Warum schneiden Städte beim Energieverbrauch so gut ab? Erstens ist die Dichte der Stadt entscheidend. Im kompakten Wohnbau benötigt man deutlich weniger Energie als bei frei stehenden Ein- oder Zweifamilienhäusern. Der Energieverlust nach außen ist geringer, da es einen geringeren Anteil an Außenwänden gibt. Zudem haben die Menschen in den Städten weniger Wohnfläche zur Verfügung, die geheizt werden muss. Kleinere Wohnungen bedeuten eine bessere energetische Bilanz. Zweitens: Mobilität lässt sich in dichten Gebieten besser organisieren, es sind kürzere Wege (auch mit dem Fahrrad oder zu Fuß erreichbar) und ein dichteres Netz an öffentlichem Nahverkehr zu nennen; Mobilität ist in der Stadt daher erheblich nachhaltiger als auf dem Land, was sich eben auch in der Energiebilanz ausdrückt. Drittens schließlich gibt es Unterschiede in den Wirtschaftssektoren: Landwirtschaft und Produktion spielen in den Städten oft eine kleinere Rolle – für Wien haben wir dies im Bundesländervergleich gesehen.

Natürlich spielen auch politische Entscheidungen eine Rolle: Die Priorisierung des Nahverkehrs hat in Wien eine lange Tradition. Die erste Stadtbahn wurde 1898 eröffnet, seit 1978 wird die U-Bahn gebaut, und die Entscheidung, die U2 in die Seestadt zu verlängern, bevor dort der erste Bewohner bzw. die erste Bewohnerin war, wird international gelobt. Trotz politischer Widerstände gab es zudem eine klare Strategie, das Bevölkerungswachstum in Wien durch Verdichtungen abzufangen und nicht durch Zersiedlung in der Fläche (»Innenwachstum vor Außenwachstum«). In Wien wurde viel Kraft darauf verwendet, das klimafreundliche Innenwachstum auch zu realisieren. Bürgerbeteiligungen, beharrliches Vorgehen und klare politische Vorgaben waren nicht immer, aber doch sehr oft erfolgreich.

Kurzum: Städte haben deutlich bessere Voraussetzungen, klimaschonend zu sein, als dünn besiedelte Gegenden auf dem

Land. Das spielt in der Debatte Stadt-Land erstaunlich selten eine Rolle. Die Wohlfühlbilder von glücklichen Kühen suggerieren vielleicht sogar das Gegenteil. Im Sinne einer bewussten Entscheidung, wie man leben möchte, sollte aber das vollständige Informationsbild bereitgestellt werden.

TEIL III – WIEN, WIEN, NUR DU ALLEIN

WIENER MELANGE

Wir haben uns nun Österreich und Deutschland im Vergleich angesehen, viele Statistiken zu Österreich und seinen Bundesländern kennengelernt und immer wieder festgestellt: Wien ist anders! Dieser (alte) Werbespruch der Stadt Wien ist so falsch nicht – Wien ist in Österreich die einzige Metropole, aber auch im Vergleich mit anderen Metropolen kann Wien spannende Geschichten bieten, die wir uns im Folgenden genauer ansehen wollen. Dazu werden vor allem die Daten der Demografie herangezogen, insbesondere die Geburts- und Sterbedaten sind (ab 1707) gut dokumentiert.

Zunächst soll die langfristige Bevölkerungsentwicklung Wiens betrachtet und in den historischen Kontext gestellt werden. Dabei wird auf die natürliche und die räumliche Bevölkerungsbewegung eingegangen. Wir gehen kurz auf das »Rote Wien« als historische Periode ein und befassen uns mit Wiens zweitem Bevölkerungsboom ab dem Jahr 2000. Schließlich betrachten wir die Zusammensetzung der Wiener Bevölkerung. Was keinesfalls fehlen darf, sind der Wiener und der Tod. Wir schauen uns die Todesursachen an und enden, wie kann es anders sein, am Zentralfriedhof.

Womit wird Wien nicht alles assoziiert: Hofburg, Lipizzaner, Schönbrunn – das imperiale Erbe der Stadt ist der Grund für Millionen Menschen, in die Donaumetropole zu reisen. Die »Wiener Klassik« hat einer ganzen Musikepoche (etwa von 1770 bis 1830) ihren Namen gegeben. Und eine ganze Kochtradition nennt sich »Wiener Küche«, das Wiener Schnitzel vorweg. Das »Rote Wien« feierte 2019 seinen 100. Geburtstag. Die Wiener Glanzzeiten wirken baulich bis heute und prägen das Bild. Dabei wird allerdings übersehen, dass Wien sich permanent wandelt. Baulich: In den letzten Jahren sind unter anderem die neue Wirtschaftsuniversität, der neue Hauptbahnhof samt umliegendem Viertel, das Krankenhaus Floridsdorf, die Seestadt Aspern, das Nord- und Nordwestbahnhofsgelände, die Verlängerungen von U1 und U2, die neuen Stadien von Rapid und Austria Wien und vieles mehr entstanden, eine neue Mehrzweckhalle und eine neue U-Bahnlinie stehen vor dem Bau. Aber auch demografisch: Wien hat sich mehrfach neu erfunden – und wird dies auch in Zukunft tun. Die permanente Veränderung des Stadtbildes ist alternativlos und war es auch immer. Oder, wie es Karl Kraus in seiner unnachahmlichen Art formulierte: »Ich muss den Ästheten eine niederschmetternde Mitteilung machen: Alt-Wien war einmal neu.«[26]

Die Bevölkerungsdaten Wiens liegen zunächst als Schätzungen anhand von unter anderem Häuserzahlen oder Totenbeschauprotokollen vor, 1754 fand unter Maria Theresia die erste Volkszählung statt, 1869 dann die erste moderne Volkszählung. Bei den geschichtlichen Daten kommen weitere Schwierigkeiten hinzu, etwa dass sich das Stadtgebiet mehrfach geändert hat (beispielsweise durch Eingemeindungen in der zweiten Hälfte des 19. Jahrhunderts); die Bedeutung der Vorstädte war dabei unterschiedlich, und Schätzungen versuchen, die Bevölkerung Wiens auf das heutige Stadtgebiet zu beziehen. Auch methodisch hat sich einiges geändert – so wurde früher anwesendes Militär zum Teil nicht mitgezählt. Dennoch: Für einen Überblick über die Geschichte Wiens eignen sich die Daten gut.

Von Klosterneuburg nach Wien

Die Besiedlung des Wiener Beckens reicht bis in die Jungstein-
zeit zurück. Bereits die Römer errichteten im 1. Jahrhundert
unserer Zeitrechnung eine Festung im heutigen Stadtzentrum
mit der angeschlossenen Zivilstadt Vindobona. 1137 wird Wien
erstmals als Civitas urkundlich erwähnt, und bereits wenige
Jahre später (1145) macht der Babenberger Heinrich II. Jasomir-
gott Wien zur Hauptstadt der Markgrafschaft Österreich – bis
dahin war dies Klosterneuburg. Wiederum zwei Jahre später
wurde der erste Vorgängerbau des heutigen Stephansdoms
fertiggestellt und geweiht.

Die politische Entscheidung, Wien zur Residenzstadt zu
machen, hatte enorme Bedeutung, da in mittelbarer und unmittelbarer Gefolgschaft des Herzogs ein gewisser Zuzug nach
Wien einsetzte (Ministeriale, Künstler, Personal). Der Sozial-
und Wirtschaftswissenschaftler Andreas Weigl schätzt die Bevölkerung Wiens um 1200 auf etwa 10 000 Einwohnerinnen und
Einwohner – bereits 1207 wird Wien als zweitgrößte Stadt des
Heiligen Römischen Reiches angeführt, nach Köln (das heute
Millionenstadt ist). Etwa zu dieser Zeit dürfte auch der Baube-
ginn der Wiener Hofburg erfolgt sein.

Wien profitierte auch in anderer Form von seinem Status
als Residenzstadt: Rudolf IV. (der Stifter) gründete 1365 die
Wiener Universität, die die zweitälteste (nach Prag) im Heiligen
Römischen Reich und heute die älteste deutschsprachige Universität ist und einen Grundstein für die enorme Bedeutung
der Wissenschaft in Wien legte.

1450 wird die Einwohnerzahl Wiens bereits auf 20 000 bis
25 000 geschätzt. 1529 kommt es zur ersten Türkenbelagerung,
der wir die Erkenntnis verdanken, dass es in den Vorstädten
wohl etwa 834 Häuser gab – so viele gingen seinerzeit in Flam-
men auf. Bis zur Jahrhundertwende könnte sich die Einwohnerzahl Wiens bereits auf 30 000 bis 35 000 erhöht haben.

Bevölkerung in Wien, nach dem heutigen Gebietsstand, 1590–2019

Quellen: Statistische Mitteilungen der Stadt Wien 4/2000, Tab. 1; 1962 bis 2001: Statistik Austria, Demografische Indikatoren; ab 2002: Statistik Austria, Statistik des Bevölkerungsstandes. Anmerkung: ab 1962 Jahresbeginn.

Nach dem Prager Fenstersturz 1618 brach der Dreißigjährige Krieg aus, der in Wien zwar relativ wenig Schaden anrichtete, dennoch wuchs die Stadt in den unruhigen Zeiten kaum weiter, zumal die Habsburger involviert waren (der Sundgau im heutigen französischen Elsass wurde verloren, und die spanischen Habsburger mussten nach 80 Kriegsjahren die Unabhängigkeit der Niederlande anerkennen). 1650 wird die Einwohnerzahl Wiens dann mit 45 000 bis 50 000 angegeben. 1683 fand die zweite Türkenbelagerung statt, dieses Mal waren 991 Häuser in der Vorstadt von Bränden betroffen, was Schätzungen über die Einwohnerzahl der Vorstädte ermöglicht. Nach der zweiten Türkenbelagerung kommt es zur Gründung des Allgemeinen Krankenhauses. Auch hier wurden früh Grundsteine für die heutigen Stärkefelder der Wiener Wirtschaft (Life Sciences) gelegt.

1700 wohnten auf dem heutigen Stadtgebiet wohl schon 125 000 Menschen, womit Wien die einzige deutschsprachige

Stadt mit über 100 000 Einwohnerinnen und Einwohnern war. Die heute meistbesuchte Touristenattraktion – das Schloss Schönbrunn – stammt aus dieser Zeit. Die erste staatliche Volkszählung im Jahr 1754 zählte dann 175 403 Einwohnerinnen und Einwohner (ohne Militär) im damaligen Stadtgebiet.

Von 1780 bis 1820 kommt es zur »Wiener Manufakturperiode«, die eine deutliche Zunahme des Handwerkes in der Stadt mit sich brachte und einen Heirats- und Babyboom, der sich aufgrund gestiegener Mortalitäten aber nur gering in der Einwohnerentwicklung niederschlägt – es gab um 1820 einen für Wien ungewöhnlichen (leichten) Geburtenüberschuss. Die Protoindustrialisierung stellt zwar eine wichtige Zäsur dar, die in Wien jedoch stark durch eine kleinteilige Seidenindustrie dominiert wird und nicht durch Fabriken im heutigen Sinne. Dennoch: Der erste Bevölkerungsboom fällt ungefähr in diese Zeit.

Der Pauperismus, also die Verelendung großer Bevölkerungsteile unmittelbar vor der Industrialisierung, sowie Epidemien (vor allem Cholera) setzten der Bevölkerung in der Folge zu. Der Hungerwinter 1847 / 48 dürfte durch die wachsende Not auch den bürgerlich-demokratischen Revolutionsbemühungen zuträglich gewesen sein.

Politisch war 1848 mit der Revolution ein einschneidendes Jahr. Es kam im ganzen Kaiserreich, besonders aber in Wien, zu Aufständen, die letztlich niedergeschlagen wurden. Allerdings musste das Kaiserhaus Zugeständnisse machen – mit der Aufhebung der Grunduntertänigkeit wurde eine Grundlage für verstärkte Wanderungsbewegungen nach Wien geschaffen, wenngleich nach wie vor keine volle Personenfreizügigkeit herrschte und es auch zahlreiche Abschiebungen aus Wien gab.

Kaiser Ferdinand I. hatte bei den Unruhen seine Führungsschwäche gezeigt und dankte in der Konsequenz daraus ab. Kaiser Franz Josef I. folgte im Dezember 1848 nach. Bis zu seinem Tod 1916 – während des Ersten Weltkriegs – blieb er Kaiser.

1851 – drei Jahre nach der gescheiterten Revolution – hat Wien dann 551 000 Einwohnerinnen und Einwohner. Bei der ersten modernen Volkszählung 1869 waren es bereits 990 998.

Die Bevölkerungsdynamik Wiens war bereits vor der Industrialisierung vom Zuzug dominiert, allein schon, weil viele Bewohnerinnen und Bewohner der Stadt rechtlich oder faktisch vom Eherecht (und damit der Fortpflanzung) ausgeschlossen waren (Geistliche, Taglöhner, Dienstboten, Prostituierte etc.). Daher ist die Stadt in ihrer Geschichte fast ausschließlich durch Zuzug gewachsen, nur in seltenen Perioden gab es mehr Geburten als Sterbefälle in der Stadt. Dies führt dazu, dass der Anteil der nicht in Wien geborenen Bevölkerung schon immer relativ hoch war.

Wien wird Metropole (1850–1910)
Wien hatte Mitte des 19. Jahrhunderts also eine halbe Million Einwohnerinnen und Einwohner und wurde dann etwa zwischen 1850 und 1910 Weltmetropole. Die Ursachen hierfür sind vielschichtig und sollen nur kursorisch beschrieben werden.

Zunächst war die Phase nach der (verlorenen) Schlacht von Königgrätz (1866) eine relativ friedliche Phase in Österreich. Dies begünstigte vor allem auch die wirtschaftliche Entwicklung, man denke an den Gründerboom bis 1873 (dem Jahr der Weltausstellung in Wien), der dann im Gründerkrach und einer etwa zwanzigjährigen Stagnationsphase mündete. Bereits in den 1830er-Jahren hatten sich mit der Eisenbahn neue Fortbewegungsmittel etabliert, sinnbildlich hierfür sind die Eröffnung der ersten Bahnstrecke von Floridsdorf nach Deutsch-Wagram 1837 und der Bau großer Kopfbahnhöfe ab 1838. Damals entstanden unter anderem der Südbahnhof, Nordbahnhof und Nordwestbahnhof – denn Bahnknotenpunkte waren die Städte, was ein entscheidender Entwicklungsschub und eine Voraussetzung für die starken Wanderungsbewegungen war.

Schließlich hatten neue Technologien und Energieträger zu einer Revolution in der Produktion geführt. Die rechtlichen Modernisierungen nach den napoleonischen Kriegen (Wiener Kongress 1815) etwa im Gewerberecht und bei Zollfragen ließen die industrielle Revolution in Österreich voll ankommen. Mit der Konsequenz, dass die Landwirtschaft mit der steigenden Produktivität der Städte nicht mehr mithalten konnte und eine enorme Landflucht einsetzte – in der K.-u.-k.-Monarchie oft mit dem Ziel Wien oder USA. In den Vereinigten Staaten lebten 1910 eine Million Menschen, die aus der Monarchie stammten, allerdings nur eine kleine Zahl aus Wien und Umgebung. Wien war der geografisch nahe Anziehungspunkt der Menschen, die USA der geografisch ferne. Wer aber in der Metropolregion Wien war, der hatte offenbar wenig Gründe für eine Übersiedlung in die Vereinigten Staaten.

Ebenfalls elementar für das schnelle Bevölkerungswachstum war eine deutliche Steigerung der Lebenserwartung. In Wien herrschte bis um 1870 eine enorme Säuglings- und Kindersterblichkeit, 1869 überlebten fast ein Viertel der Neugeborenen das erste Lebensjahr nicht: 24,4 Prozent der Kinder starben vor ihrem ersten Geburtstag – heute sind es 0,4 Prozent. Die Gründe hierfür waren vielfältig (Ernährung der Mutter, Ernährung des Kindes, Krankheiten, Hygiene), und insbesondere illegitime Kinder hatten sehr schlechte Überlebenschancen.

Die Epidemien wie Cholera, Typhus und die als »Wiener Krankheit« bekannte Tuberkulose, aber auch die Diphtherie und andere spielten eine große Rolle. Epidemien waren in Städten immer verbreiteter als auf dem Land. Einerseits waren die Hygienebedingungen schlecht und andererseits konnten sich die Krankheiten in der Enge der Städte viel besser ausbreiten. Insbesondere auch Phasen wirtschaftlicher Not machten die Menschen (noch) anfälliger für entsprechende Krankheiten.

Mit dem Bau der Wiener Hochquellenleitung, die 1873 in Betrieb genommen wurde, und weiterer medizinischen und hygienischen Verbesserungen (etwa in den Krankenanstalten) stieg die Lebenserwartung vor allem aufgrund des Rückganges der Säuglingssterblichkeit massiv an, auch medizinische Weiterentwicklungen spielten eine Rolle, wenngleich der medizinische Erfolg erst später wirklich zum Tragen kam. Zudem dürften manche Seuchenerreger schlicht an Viralität verloren haben.

Demografisch war diese Zeit durch hohe, aber rapide sinkende Fertilitäts- und sinkende Mortalitätsraten geprägt.

Bevölkerungsveränderung in Wien 1851–1910		
Zeitraum	Bevölkerungswachstum	durchschnittliche jährliche Wachstumsrate
1851–1857	125 000	3,5 %
1857–1869	225 000	2,4 %
1869–1880	260 000	2,3 %
1880–1890	270 000	2,1 %
1890–1900	340 000	2,1 %
1900–1910	315 000	1,6 %

Quelle: zitiert nach Bauer / Himpele 2019

Starke, durch die Industrialisierung ausgelöste Wanderungsbewegungen und ein enormer Anstieg der Lebenserwartung aufgrund hygienischer und medizinischer Maßnahmen lassen die Bevölkerung Wiens also geradezu explodieren; 1910 ist Wien dann nach London, New York, Paris und Chicago und knapp vor Berlin die fünftgrößte Stadt der Welt. Schauen wir uns die Entwicklung etwas genauer an.

Fertilität und Mortalität

1857 wies Wien noch die zweithöchste Mortalitätsrate europäischer Großstädte nach St. Petersburg aus. Ab Mitte der 1870er-Jahre stieg die Lebenserwartung in Wien vor allem (aber nicht nur) aufgrund des Rückganges der Säuglingssterblichkeit an. Wir werden später auch sehen, dass es zahlreiche Opfer endemischer Seuchen (Cholera, Typhus, Blattern / Pocken, Diphtherie und Tuberkulose) gab. Hier nur eine Zahl: 1867 gingen 26,5 Prozent (!) der Todesfälle in Wien auf das Konto der Tuberkulose.

Mitte der 1870er-Jahre änderte sich dies, wie bereits gesehen, aus zwei Gründen: Die Hygiene wurde immer ernster genommen, und die Bakteriologie führte zu ersten Erkenntnissen über Krankheitserreger. Bereits seit 1849 war bekannt, dass Cholera über Wasser übertragen werden kann. Dennoch dauerte es teilweise Jahrzehnte, bis entsprechende Maßnahmen in den Städten ergriffen wurden, teilweise auch, weil private Rechte zurückgedrängt werden mussten und die Wasserversorgung als öffentliche Aufgabe durchgesetzt werden musste.

In Wien war die Wasserversorgung vor allem durch Hausbrunnen gewährleistet. Bereits zu Beginn des 19. Jahrhunderts wurden erste Rohrsysteme entwickelt, die allerdings im Wesentlichen den Hof und die Klöster, nicht aber die Bevölkerung versorgten. Ab Mitte der 1850er-Jahre erfolgten Projektvorschläge zur Wasserversorgung Wiens, ab den 1860er-Jahren gab es konkrete Planungsschritte (wie die Bedarfsermittlung), und 1873 schließlich wurde die erste, 150 Kilometer lange Hochquellenleitung in Betrieb genommen. Sie befördert heute täglich 220 Millionen Liter Wasser nach Wien. Das war aus Sicht der Hygiene ein wesentlicher Fortschritt, und bis heute profitiert Wien von den weitsichtigen und mutigen Planungen der damaligen Zeit. Die zweite, 180 Kilometer lange Hochquellenleitung folgte 1910; sie befördert heute bis zu 217 Millionen Liter täglich in die Stadt, sodass Wien fasst vollständig mit Quellwasser versorgt werden kann – im Jahresmittel zu rund 95 Prozent.

Etwa zur gleichen Zeit begann die Bakteriologie ihren Siegeszug. Das erste Bakterium (der Erreger von Lepra) wurde ebenfalls 1873 entdeckt. Bis zur Entdeckung von Antibiotika dauerte es aber noch eine ganze Weile, und die ersten Behandlungen erfolgten erst 1941 – zu den Epidemien später mehr.

Allgemeine Fruchtbarkeitsziffer 1856–1939/2017

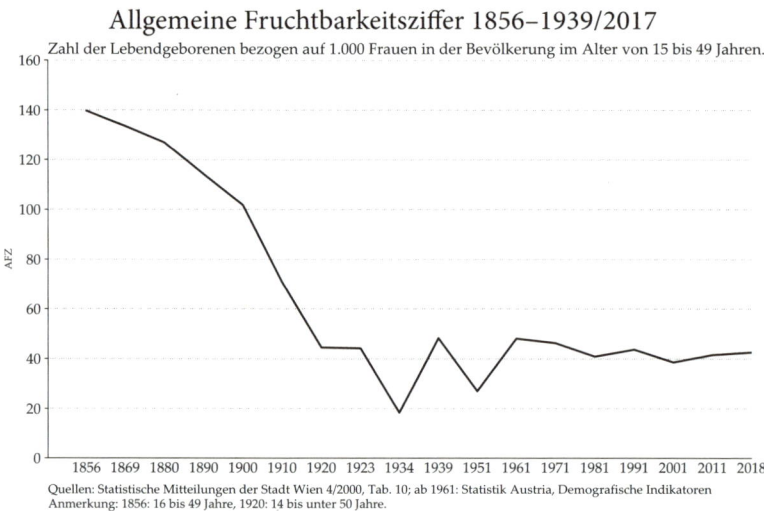

Zahl der Lebendgeborenen bezogen auf 1.000 Frauen in der Bevölkerung im Alter von 15 bis 49 Jahren.

Quellen: Statistische Mitteilungen der Stadt Wien 4/2000, Tab. 10; ab 1961: Statistik Austria, Demografische Indikatoren
Anmerkung: 1856: 16 bis 49 Jahre, 1920: 14 bis unter 50 Jahre.

Diese Errungenschaften führten letztlich zu einem massiven Rückgang der Sterblichkeit – was der ersten Phase des »demografischen Überganges«[27] entspricht. Die zweite Phase betrifft die Fertilität: Die vorliegenden Daten lassen eine Darstellung in der heutigen Form (Kinder pro Frau) nicht zu. Wenn man die Geburten auf je 1 000 Frauen zwischen 15 und 49 Jahren bezieht, so sieht man, dass dieser Wert von 140 um 1856 zunächst langsam sinkt. Um 1900 – also vor 120 Jahren – wird in Wien der Wert von zwei Kindern je Frau nach Schätzungen unterschritten – was sich bis heute nicht mehr geändert hat.

Seit damals wird das Reproduktionsniveau also nicht mehr erreicht. Mit dem Beginn des 20. Jahrhunderts sinkt die Fertilität dann rapide ab und steigt erst mit dem »Anschlussbabyboom« ab 1939 wieder an.

Insgesamt sorgt die steigende Lebenserwartung (und damit der Rückgang der Sterbefälle) trotz der sinkenden Geburtenrate für eine positive Geburtenbilanz in dieser Zeit, die um Wanderungsgewinne ergänzt wird.

Wanderungen

Wanderungen nach Wien sind so alt wie die Stadt selbst. Wie bereits beschrieben, setzte eine erste starke Zuwanderung mit der Ernennung Wiens zur Residenzstadt der Babenberger im 12. Jahrhundert ein. Deutliche Wanderungszunahmen gab es dann mit der Industrialisierung beziehungsweise dem Beginn des organisierten Kapitalismus. Eine wichtige Voraussetzung war damals der Bau der Eisenbahnlinien ab den späten 1830er-Jahren, die Wien zum Verkehrsknotenpunkt machten.

Die Gründe der Migration waren damals wie heute vielschichtig: Der Arbeitsmarkt und höhere Löhne als auf dem Land spielten ebenso eine Rolle wie der Heiratsmarkt, der Reiz der Großstadt mit ihren vielfältigen Möglichkeiten und die damit verbundene Flucht vor der dörflichen Kontrolle waren ebenfalls relevante Migrationsgründe. Zudem war die Donaumonarchie ein Binnenmarkt, was Wanderungen erleichterte, und auch Wiens geografische Lage dürfte das schnelle Wachstum der Stadt begünstigt haben. Die Personenfreizügigkeit wurde sukzessive ausgeweitet (Aufhebung der Grunduntertänigkeit 1848, Abschaffung der Leibeigenschaft auch in den böhmischen Ländern 1781), was eine Bedingung für die starke Migration nach Wien im 19. Jahrhundert war.

Einige Wanderungsgruppen lassen sich auch benennen: So gab es traditionell eine Dienstbotenwanderung nach Wien. Bei

Adel und Großbürgertum, aber auch im Gewerbe gab es zahlreiche Arbeitsstellen für Dienstbotinnen bzw. Dienstboten, was einen entsprechenden Arbeitskräftebedarf nach sich zog. Die Bedeutung der Dienstbotinnen und Dienstboten relativierte sich gegen Ende des 19. Jahrhunderts zwar, aber noch immer waren 15 Prozent der Beschäftigten als häusliche Bedienstete tätig. 1900 waren 97 Prozent dieser häuslichen Bediensteten weiblich – was die Wiener Demografie später noch massiv beeinflussen sollte, da der Überhang an Frauen entsprechende Konsequenzen hatte, auf die noch eingegangen wird. Daneben gab es institutionalisierte Gesellenwanderungen und im Zuge der Industrialisierung eine zunehmende Wanderung von Lohnarbeitern.

Die Wanderung war beeinflusst von starken Geburtenjahrgängen und ökonomischer Rückständigkeit der böhmischen Länder; Ende des 19. Jahrhunderts führten neun von zehn Abwanderungen aus Böhmen zu Zuwanderungen nach Wien.

Bevölkerungsbewegung in Wien, 1869–2018

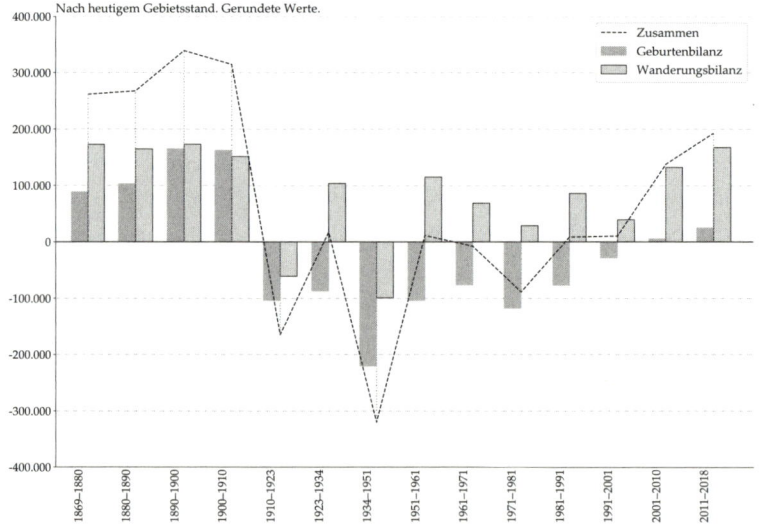

Quellen: Weigl: Demographischer Wandel und Modernisierung in Wien, S. 67; Statistisches Jahrbuch Österreich 2013, S. 40, 41; ab 2011: Statistik des Bevölkerungsstandes
Anmerkung: ab 2011 inkl. statistische Korrektur durch Statistik Austria.

Die Migration veränderte die Stadt beträchtlich. 1910 waren 49 Prozent der in Wien lebenden Menschen in Wien geboren (zum Vergleich: Heute sind es 47 Prozent). 15 Prozent kamen aus den Bundesländern (heute sind es 17 Prozent) und 36 Prozent (wie heute) aus dem Ausland – allerdings 23 Prozent aus Böhmen und Mähren, was zur Donaumonarchie gehörte.

Letztlich sorgten sowohl ein starker Geburtenüberschuss als auch enorme Wanderungsbewegungen für das starke Wachstum Wiens. Zwischen 1851 und 1910 wuchs Wien um 1,5 Millionen Einwohnerinnen und Einwohner an und hatte 1910 mit 2,08 Millionen die fünfthöchste Bevölkerungszahl der Welt. Bis heute hat Wien diesen Bevölkerungsstand nicht wieder erreicht. Die damalige Zeit war oft durch Armut und Not geprägt.

Es folgte der Erste Weltkrieg mit seinen Verheerungen und dem Ende der Donaumonarchie. Die Stadt war durch Krankheit (insbesondere die Spanische Grippe) und Armut gekennzeichnet, und Wanderungsströme sowohl aus Wien in die alten Kronländer als auch nach Wien setzten ein. Mit den ersten demokratischen und freien Wahlen 1919 stellte die Sozialdemokratie den Wiener Bürgermeister, und es folgten 15 Jahre des »Roten Wiens«.

Das »Rote Wien« (1919–1934)

Das »Rote Wien« hat deutliche Spuren in der Stadt hinterlassen – die Gemeindebauten und das Praterstadion seien genannt – und ist für das Verständnis des heutigen Wiens eine zentrale Periode. Dabei galt es, die Lebensbedingungen der Bevölkerung in der breiten Masse zu verbessern. Es wurden Krankenhäuser, Kindergärten und Sportstätten gebaut, 25 Bäder wurde im Roten Wien eröffnet, die Schwangeren- und Säuglingsfürsorge wurde ausgebaut (1930 gab es beispielsweise 240 000 Mütterberatungen), die Hygiene wurde weiter verbessert (neben den Bädern seien hier die Säuglingswäschepakete genannt, von denen 1930 bereits 11 000 ausgegeben wurden), und es wurde in breite Bildung investiert. Bereits seit 1922 sind in Wien die Öffnungszeiten der Kindergärten mit einer Vollzeiterwerbstätigkeit vereinbar. 1932 wurde in Wien die 200. Bücherei eröffnet, und die Volkshochschulen wurden intensiv betrieben.

Die größte Symbolkraft im Roten Wien entfaltete aber der Gemeindebau: 64 000 Gemeindewohnungen wurden im Roten Wien gebaut – trotz der problematischen wirtschaftlichen Lage der Zwischenkriegszeit. Und das starke Engagement im Bereich Wohnbau war auch dringend notwendig, da Wohnungen im 19. Jahrhundert in erster Linie von privaten Grundbesitzern unreguliert zur Verfügung gestellt wurden: Hinter den meist schönen Fassaden der Zinshäuser wurden oft so viele Wohnungen wie möglich untergebracht – so eng, dass durch die Höfe oft kaum Licht in die Wohnungen kam. Der Wucherzins war für viele kaum oder nur durch das Teilen der Wohnung mit anderen möglich. Mietverträge konnten jederzeit gekündigt werden. Ab 1920 kam es vermehrt zu Mieterstreiks, 1917 – also noch vor dem Roten Wien – wurden (zum Schutz der Soldatenfamilien) erste Mietrechtsgesetze erlassen. Der »Friedenszins«, eine gesetzliche geregelte Höchstmiete, wurde schließlich im Mietrechtsgesetz verankert und ließ die Bautätigkeit von Zinshäusern durch private Anbieter weitgehend versiegen – die (erwarteten) Renditen reichten schlicht nicht aus. Da Wohnen immer günstiger wurde, konnte auf Bettgeher und Untermieter nun verzichtet werden – allerdings stieg die Obdachlosigkeit massiv an: auf etwa 90 000 Wohnungslose. Quasi als Selbsthilfe bildete sich die Siedlerbewegung, die von der Stadt gefördert wurde, dann aber mit dem Bau der Gemeindewohnungen in den Hintergrund geriet.

1934 – zum Ende des »Roten Wiens« – gab es knapp 70 000 Gemeindewohnungen. Diese Zahl änderte sich bis nach dem Zweiten Weltkrieg kaum, stieg dann bis 1954 auf 96 486 an und wurde schließlich kontinuierlich weitergeführt. Bei der letzten Volkszählung 2001 waren es dann 226 117 Gemeindewohnungen in Wien.

Das »Rote Wien« musste ab 1929 mit den Folgen der Weltwirtschaftskrise kämpfen. Diese Krise nahm in den USA ihren Ursprung und stürzte auch Europa in eine tiefe Depression, die durch Austeritätspolitik (etwa in Deutschland) zum Teil noch verstärkt wurde. Gab es 1929 bereits 82 606 Arbeitslose in Wien, so verdoppelte sich diese Zahl binnen drei Jahren auf 161 933 und stieg danach noch weiter an.

Finanziert wurden die Ausgaben des »Roten Wiens« einerseits über Gebühren (beispielsweise bei der Wasserversorgung), andererseits über Steuern wie die Wohnbausteuer, die zwischen 2 und 35 Prozent (bei »Luxuswohnungen«) der Mietsumme ausmachte. Zudem wurden »Luxussteuern« erhoben wie die Hauspersonalabgabe, die Hundeabgabe, die Luxuswarenabgabe, die Pferdeabgabe, aber auch die Bierabgabe, die wohl eher die breite Masse traf.

Übrigens: Die Pkw-Dichte war – anders als heute – in Wien seinerzeit höher als etwa in Niederösterreich. Damals war der Pkw eine Wohlstandsfrage; 5 Pkw pro 1 000 Einwohnerinnen bzw. Einwohner waren es 1929 in Wien (heute: 374), 2 waren es in Niederösterreich (heute: 641).

Eine alternde Stadt (1910–2000)

Die oben beschriebene starke (und meist junge) Zuwanderung hat Wien bis 1910 zu einer jungen Stadt gemacht: 72,4 Prozent der Einwohnerinnen und Einwohner Wiens waren 39 Jahre oder jünger, lediglich 4,4 Prozent waren 65 Jahre und älter. Das Medianalter in Wien betrug 27 Jahre. Die eine Hälfte der Bevölkerung war also jünger, die andere Hälfte älter als 27 Jahre.

Dabei sieht man einen deutlichen Frauenüberhang bei den 20- bis 25-Jährigen, der vermutlich der Dienstbotenwanderung geschuldet ist. Dieser führte dazu, dass viele Frauen (rein rechnerisch) keinen Ehemann fanden, was seinerzeit oft hieß, dass sie kinderlos geblieben sind. Natürlich gab es zahlreiche »illegitime« Kinder von Dienstbotinnen, die dann oft in einem Findelhaus endeten, was wiederum aufgrund der Hygienebedingungen sehr oft den Tod bedeutete.

Die Bevölkerungspyramide auf Seite 167 zeichnet ein Bild des jungen Wiens 1910.

Nach dem Ende des Ersten Weltkriegs zerfällt die Donaumonarchie, es kommt zu einer Rückwanderung aus Wien in die Nachfolgestaaten, zudem fällt der große Binnenmarkt der Donaumonarchie weg. Die Einwohnerzahl pendelt sich um die 1,8 Millionen ein, die Geburtenbilanz ist in Wien ab dieser Zeit negativ, das ändert sich erst in der heutigen Zeit wieder.

Das »Rote Wien« zwischen Erstem Weltkrieg und Ende der Demokratie haben wir bereits kurz behandelt, der Anschluss an Nazideutschland führt zu einem weiteren (fluchtbedingten) Bevölkerungsrückgang Wiens, die Vertreibung und Ermordung der jüdischen Bevölkerung hat enorme kulturelle und intellektuelle Leerstellen hinterlassen. Ein paar Flüchtlinge aus Wien seien exemplarisch genannt: Sigmund Freud, Karl Polanyi, Arnold Schönberg, Stefan Zweig, Otto Neurath, Vicki Baum, Paul Lazarsfeld, Karl Popper, Elias und Veza Canetti, Marie Jahoda, Peter Drucker, Jean Améry, Hedy Lamarr, Max Perutz, Erich Fried und Frederic Morton. Andere, wie Käthe Leichter, wurden von den Nationalsozialisten ermordet.

Nach Ende des Zweiten Weltkriegs hat die Donaumetropole dann unter 1,8 Millionen Einwohnerinnen und Einwohner sowie eine absurde Alterspyramide. Man kann dies schön am Jahr 1951 zeigen (siehe Grafik Seite 168).

Bei den über 65-Jährigen sehen wir einen deutlichen Frauenüberhang, der sich einerseits mit der höheren Lebenserwartung der Frauen erklären lässt, andererseits mit der Dienst-

Bevölkerungspyramide Wien 31.12.1910

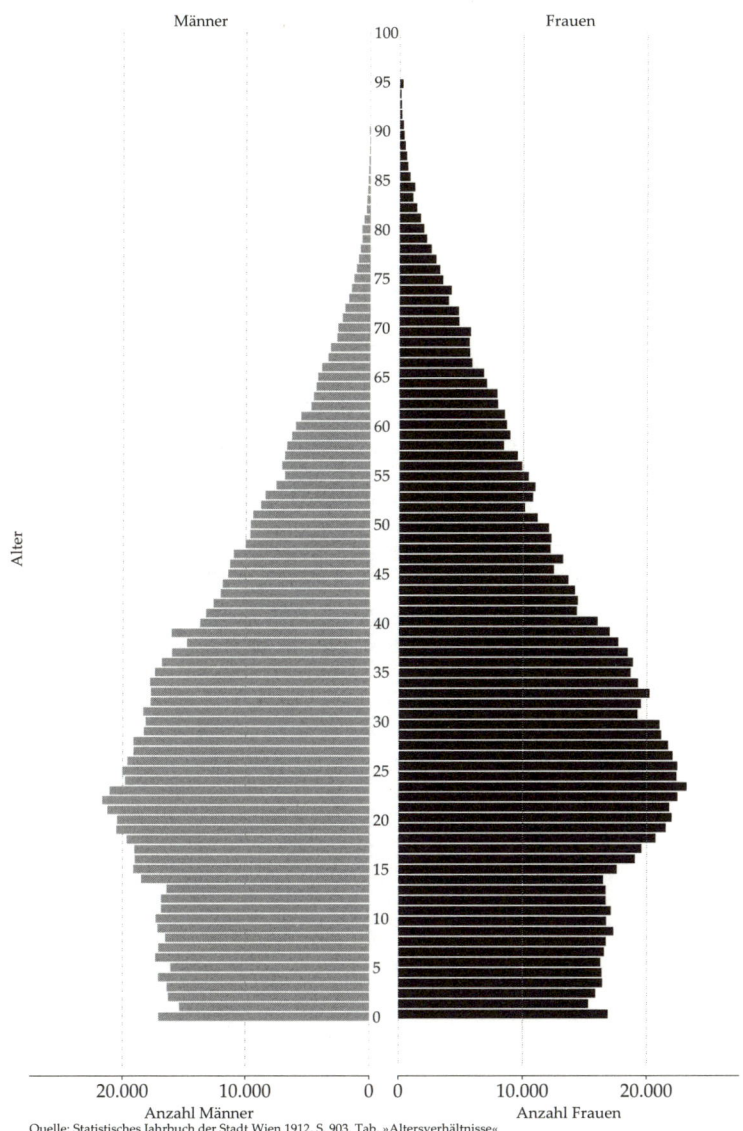

Quelle: Statistisches Jahrbuch der Stadt Wien 1912, S. 903, Tab. »Altersverhältnisse«

Bevölkerungspyramide Wien 01.06.1951

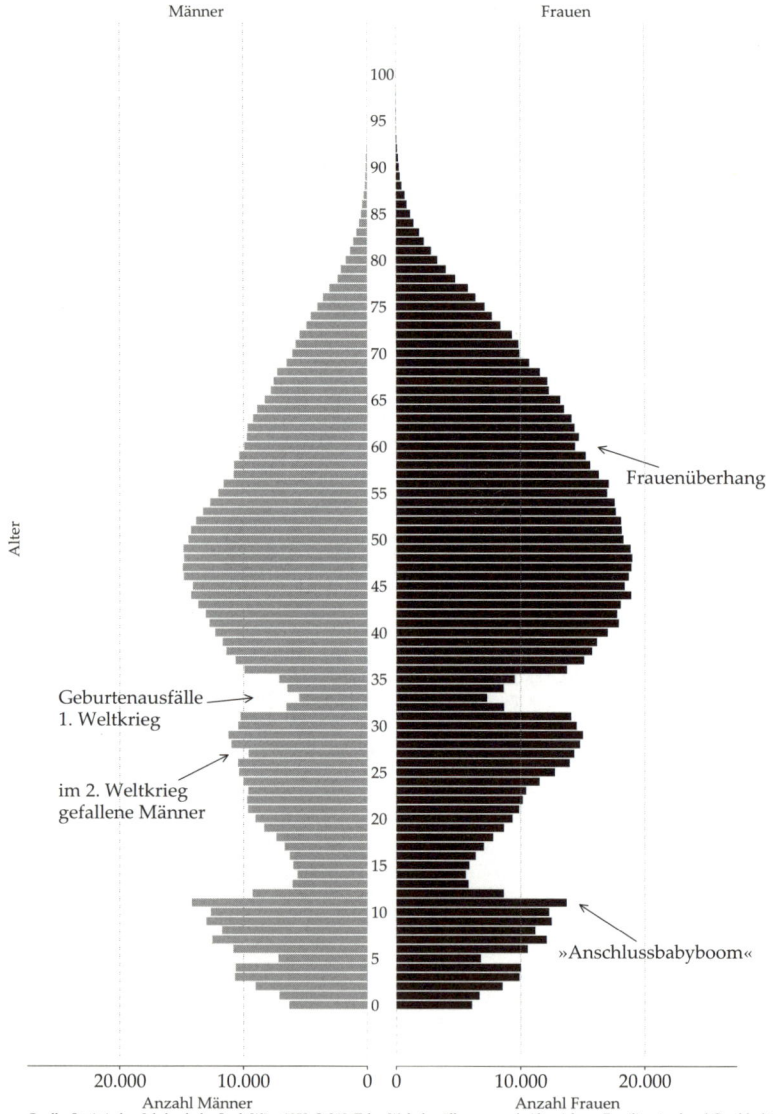

Männer   Frauen

Alter

Frauenüberhang

Geburtenausfälle →
1. Weltkrieg

im 2. Weltkrieg
gefallene Männer

»Anschlussbabyboom«

20.000   10.000   0   0   10.000   20.000

Anzahl Männer   Anzahl Frauen

Quelle: Statistisches Jahrbuch der Stadt Wien 1952, S. 268. Tab. »Wohnbevölkerung nach Altersjahren, Familienstand und Geschlecht 1951«

botenwanderung des 19. Jahrhunderts. Wir sehen die Geburtenausfälle des Ersten Weltkriegs, die gefallenen Männer des Zweiten Weltkriegs, den Anschlussbabyboom und können den Nachkriegsbabyboom der 1960er-Jahre schon erahnen. Zu dieser Zeit hat Wien 1,63 Millionen Einwohnerinnen und Einwohner, ein Medianalter von 44 Jahren, 17 Prozent der Bevölkerung sind 65 Jahre und älter. Wien ist eine alte Stadt (was erheblich mehr Todesfälle als Geburten bedeutet) und eine schrumpfende Stadt, da aufgrund der Randlage des Eisernen Vorhanges wenig Dynamik in der Wanderungsbewegung ist. Bis Mitte der 1980er-Jahre wird die Bevölkerung Wiens auf unter 1,5 Millionen Einwohnerinnen und Einwohner schrumpfen.

Wiens zweiter Boom (ab 2000)

Wiens zweiter Boom setzt dann um das Jahr 2000 ein. Die Gründe hierfür sind wiederum vielfältig: Der Zusammenbruch des Ostblockes hat Wien vom Rande des Westens in die Mitte Europas katapultiert. Der EU-Beitritt Österreichs im Jahr 1995 hat Wien erstmals seit der Donaumonarchie wieder zu einem Teil eines großen Binnenmarktes werden lassen. Und mit jeder Osterweiterung der EU kamen Länder dazu, die oft ein historisches Naheverhältnis mit der Donaumetropole haben. Hinzu kommt in den Jahren 2015/2016 die Fluchtbewegung aus Syrien, Afghanistan und dem Irak.

Wien wächst zwischen 2001 und 2018 um 350 000 Einwohnerinnen und Einwohner. Das ist eine gewaltige Dimension. Haupttreiber hierfür war die internationale Migration. Hier waren vor allem Deutschland und die osteuropäischen Länder als Herkunftsländer bedeutend, später dann auch Syrien und Afghanistan. Hinzu kommen ein (leichtes) Wanderungsplus mit den Bundesländern sowie ein kontinuierlicher Geburtenüberschuss seit dem Jahr 2004.

Bevölkerungspyramide Wien 1.1.2019

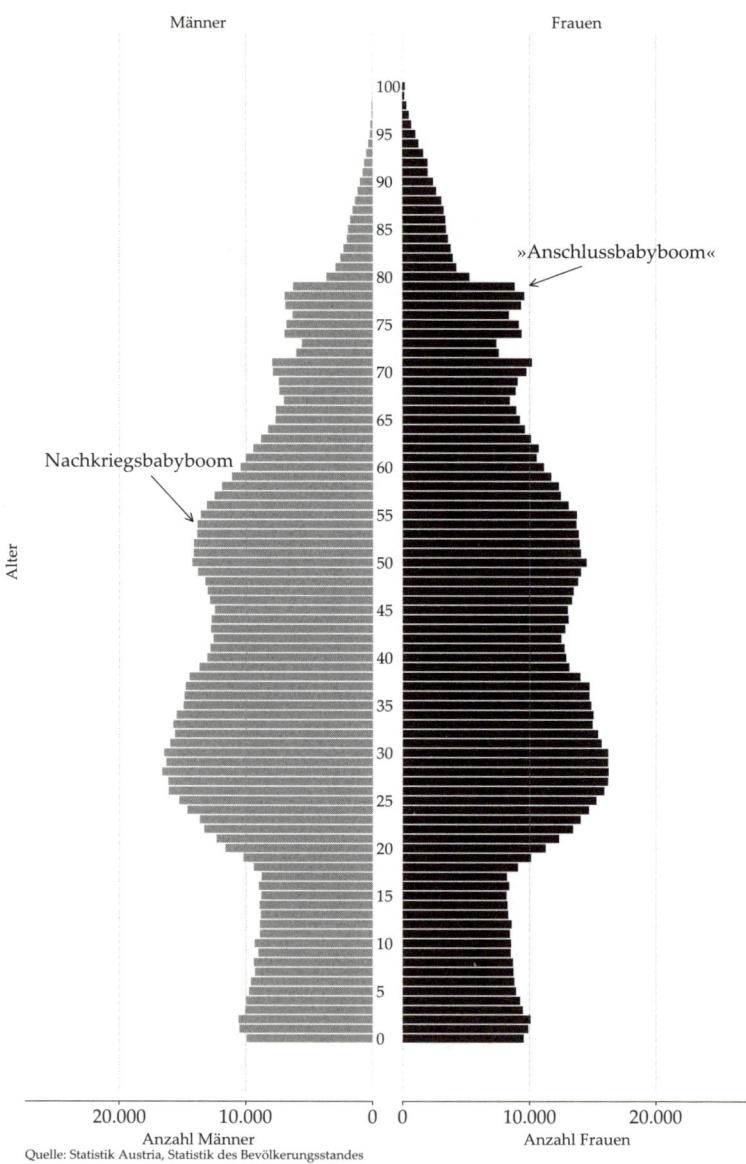

Männer

Frauen

»Anschlussbabyboom«

Nachkriegsbabyboom

Alter

20.000   10.000   0   0   10.000   20.000

Anzahl Männer

Anzahl Frauen

Quelle: Statistik Austria, Statistik des Bevölkerungsstandes

Durch die enorme demografische Veränderung ist Wien seit Mitte der 1980er-Jahre, gemessen am Durchschnittsalter der Bevölkerung, immer jünger geworden. Sowohl die Außenwanderung als auch die Binnenwanderung ist jung, weil Menschen zur Ausbildung oder zum Studium beziehungsweise für eine Arbeitsstelle wandern und das meist in jungen Jahren tun. Dies hat auch zu einer starken Zunahme der potenziellen Mütter in der Stadt geführt.

Obwohl die Frauen in Wien seit circa 25 Jahren etwa 1,4 Kinder je Frau bekommen, hat sich die Anzahl der Geburten deutlich erhöht. 2016 schließlich wurde der Nachkriegsrekord in Wien übertroffen – es wurden 20804 Kinder geboren und damit mehr als 1967 (dem Wiener Höhepunkt des Babybooms).

Die dynamische Bevölkerungsentwicklung hat bis 2016 angehalten. Seitdem hat sich das Bevölkerungswachstum Wiens deutlich verlangsamt. Lag das Plus 2015 noch bei 42000, so waren es 2018 keine 9000 mehr – davon allein rund 3150 aus dem Titel »Geburtenüberschuss«. Die Prognose der Stadt Wien geht davon aus, dass es bei dieser langsameren Entwicklung bleiben wird – und dennoch Wien in den 2020er-Jahren wieder zur Zwei-Millionen-Metropole werden wird.

Wiener Melange – oder wer wohnt wo in Wien

47 Prozent der Wienerinnen und Wiener sind also in Wien geboren, 36 Prozent haben ein anderes Geburtsland als Österreich, und 17 Prozent sind in einem der acht anderen Bundesländer geboren. Diese Aufteilung ist sehr ähnlich der von 1910, mit dem entscheidenden Unterschied, dass viele der »Ausländer« damals aus der Habsburgermonarchie kamen, heute kommen sie zur Hälfte aus der EU, zur Hälfte aus Drittstaaten.

Was sind nun die wichtigsten Herkunftsländer in Wien?

Top-10 Herkunftsländer nach Geburtsort in Wien am 1.1.2018		
Geburtsland	**Anzahl**	**Anteil**
Österreich	1 209 160	64,0 %
Serbien und Montenegro	89 335	4,7 %
Türkei	66 862	3,5 %
Deutschland	51 241	2,7 %
Polen	48 732	2,6 %
Bosnien und Herzegowina	46 293	2,5 %
Rumänien	32 937	1,7 %
Syrien	23 065	1,2 %
Ungarn	22 762	1,2 %
Russische Föderation	17 942	0,9 %
Afghanistan	17 657	0,9 %

Quelle: Stadt Wien - MA 23

Während in Österreich insgesamt die Deutschen auf dem ersten Platz liegen, sind es in Wien die serbischen und türkischen Staatsbürgerinnen und Staatsbürger, die vor den Deutschen liegen. Hinter den Österreicherinnen und Österreichern, die mit 64 Prozent natürlich die größte Gruppe sind. Diese lassen sich nun noch auf ihre Geburtsbundesländer aufteilen. Wie gesagt, sind 17 Prozent der Wiener in einem der anderen Bundesländer geboren. Wien wäre so gesehen die größte Stadt des Burgenlandes und von Niederösterreich und läge bei der Steiermark nach Graz an zweiter Stelle.

In den Bundesländern geborene WienerInnen (1.1.2018)

Geburtsbundesland	Anzahl	Anteil
Niederösterreich	140 376	7,4 %
Oberösterreich	45 724	2,4 %
Steiermark	41 455	2,2 %
Burgenland	27 059	1,4 %
Kärnten	24 532	1,3 %
Salzburg	15 601	0,8 %
Tirol	12 455	0,7 %
Vorarlberg	9 033	0,5 %

Quelle: Statistik Austria

Interessant ist die räumliche Verteilung der Einwohnerinnen und Einwohner Wiens. Während gebürtige Wiener vor allem in den großen Flächenbezirken und insbesondere in der Donaustadt, Floridsdorf und Liesing anzutreffen sind, wohnen im Ausland geborene meist in den gürtelnahen Bezirken und im innerstädtischen Bereich. Die in Niederösterreich Geborenen wohnen wie die Wiener, interessant ist aber die Ballung der Burgenländer im Süden und der Oberösterreicher im Westen von Wien. Offenbar hat man sich direkt an der jeweiligen Autobahnausfahrt Richtung Herkunftsbundesland niedergelassen. Und außer den Niederösterreichern trauen sich die Zugereisten auch nicht über die Donau.

A SCHENE LEICH

»Zum Schönsten in meinem Leben gehört ein Besuch im Wiener Bestattungsmuseum«, schreibt – wohl nicht ganz ernst gemeint – Franz Schuh in der *Zeit* (Nr. 39/2015, 24.09.2015). Denn »›Der Wiener und sein Tod‹, dieses Paar, ist ein abgetakeltes Klischee«. Dennoch: Wien ohne Zentralfriedhof – undenkbar. Das Wienerlied und die EAV besingen den Tod – vielleicht ein gesunder Umgang mit einem ernsten Thema und mit einem Ereignis, das immer später eintritt.

Die Lebenserwartung in Österreich liegt heute bei 81,7 Jahren und damit über dem Durchschnitt der EU (81,0 Jahre). Die größten Sprünge machte die Lebenserwartung dabei seit dem Ende des 19. Jahrhunderts, wofür es verschiedene Ursachen gab: Die Medizin (Bakteriologie), die Hygiene (Hochquellenleitung), die bessere Ernährung, der technologische Fortschritt (Pasteurisierung) und ganz allgemein die Städteassanierung. Schauen wir uns die Entwicklung in Wien genauer an.

Der Tod war ein Städter
Die Menschen lebten früher bedeutend kürzer als heute. Ursächlich dafür war vor allem die deutlich höhere Säuglingssterblichkeit. Wir erinnern uns: 1869 überlebten etwa ein Viertel der Neugeborenen das erste Lebensjahr nicht. Grund hierfür waren schlechte hygienische Bedingungen und Krankheiten. Aber auch bei erwachsenen Menschen ließen insbesondere Epidemien, aber auch Hunger und Kriege die Todeszahlen nach oben schnellen. Die katastrophalen hygienischen Bedingungen

und die Enge der Städte sorgten dabei dafür, dass sich Epidemien und endemische Seuchen oft schnell ausbreiten konnten und entsprechend hohe Opferzahlen forderten. Diese Epidemien brachen im Laufe der Geschichte immer wieder aus, bis heute ist nicht immer ganz geklärt, warum manche Seuchen verschwunden sind beziehungsweise ihre Viralität massiv nachließ. Andere Seuchen konnten durch den medizinischen oder hygienischen Fortschritt bekämpft werden.

Auch die Versorgungslage war deutlich schlechter als heute. Missernten etwa aufgrund von Wetterereignissen konnten schnell zu Hungersnöten führen, die oft mit zahlreichen Hungertoten einhergingen. Allerdings dürfte die Versorgungslage in Wien generell aufgrund der Anwesenheit des Hofes vergleichsweise gut gewesen sein.

Pest und Cholera

Die erste Pestepidemie dürfte Europa zu Zeiten Kaiser Justinians im 6. Jahrhundert heimgesucht haben, bevor die Pest ab 770 wieder aus Europa verschwand. Sie kam als »Schwarzer Tod« umso verheerender wieder: Zwischen 1347 und 1352 forderte die Pest 25 Millionen Tote in Europa und löschte damit rund ein Viertel bis ein Drittel der damaligen Bevölkerung aus. Es gibt sogar Schätzungen, die von noch höheren Zahlen ausgehen. In Wien brach die Pest erstmals 1349/50 aus und dürfte etwa die Hälfte der damaligen Bevölkerung ausgelöscht haben. Diese war aufgrund von durch Heuschreckenplagen ausgelösten Hungersnöten und einem Erdbeben im Jahr 1348 bereits stark geschwächt, als der Erreger die Donaumetropole erreichte. Trotz der katastrophalen Situation gelang es in Wien offenbar besser als anderswo, die soziale Ordnung aufrechtzuerhalten: Wien war die einzige Stadt, in der jeder Sterbende das letzte Sakrament erhielt.

Es folgten in der Geschichte Wiens weitere schwere Pestepidemien – Weigl zählt neun weitere auf. Der Pest von 1679 verdanken wir die Pestsäule am Graben und das Lied »Oh Du lieber Augustin«. Dieses Volkslied wird um 1800 erstmals nachgewiesen, der Text bezieht sich aber auf Marx (Markus) Augustin, der der Legende nach als Schnapsleiche in einem Pestgrab landete und von dort erst nach lautem Krakeelen wieder befreit worden sei. Im Text des Liedes wird jedenfalls explizit auf die Pest Bezug genommen. Dass die Wiener eher humoristisch mit schwierigen und tödlichen Situationen umgehen, ist insofern nichts Neues.

Die 1713 aus Ungarn eingeschleppte Pest bleibt die letzte Pestepidemie in Mitteleuropa und in Wien (abgesehen von den drei Toten der Laborpest von 1898 gab es auch keine weiteren Pesttoten mehr in der Stadt). Da die Sterbedaten ab 1707 durchgehend vorliegen, ist die letzte Pestepidemie bereits gut dokumentiert. Dieser dürften etwa 2000 Wienerinnen und Wiener zum Opfer gefallen sein, bei damals lediglich um die 110000 Einwohnerinnen und Einwohner. Auch diese Pest hat ein sichtbares Zeichen in der Stadt hinterlassen: die Karlskirche. Kaiser Karl VI. gelobte den Bau einer Kirche, wenn die Pest zu Ende gehe, was er dann auch umsetzte.

Der berühmteste »Pest«-Tote Wiens ist aber niemand, den man mit der Bundeshauptstadt in Verbindung bringt: Manche Quellen gehen davon aus, dass der römische Kaiser Mark Aurel im Jahr 180 in Vindobona (dem heutigen Wien) an den Folgen der Antoninischen Pest – eine Pandemie im 2. Jahrhundert – gestorben ist. Strittig ist aber, ob es sich dabei um eine Pest im medizinischen Sinne gehandelt hat oder um besonders virulente Stämme von Pocken oder Masern. Es kann zudem auch ein Krebsleiden gewesen sein, und vielleicht war auch nicht Vindobona, sondern Sirmium im heutigen Serbien der Ort, an dem Mark Aurel starb. Nun gut.

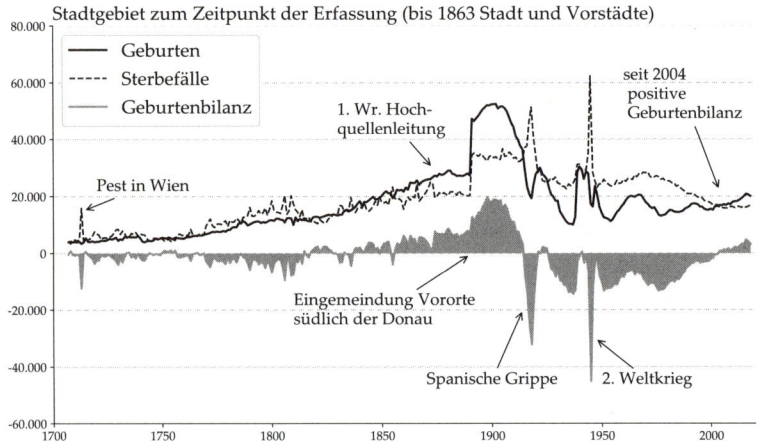

Natürliche Bevölkerungsbewegung in Wien, ab 1707

Stadtgebiet zum Zeitpunkt der Erfassung (bis 1863 Stadt und Vorstädte)

— Geburten
---- Sterbefälle
— Geburtenbilanz

1. Wr. Hoch-
quellenleitung

seit 2004
positive
Geburtenbilanz

Pest in Wien

Eingemeindung Vororte
südlich der Donau

Spanische Grippe   2. Weltkrieg

Quellen: 1707 bis 1939: Weigl: Demographischer Wandel und Modernisierung in Wien, S. 364–366; 1940 bis 1999: Statistische Mitteilungen der Stadt Wien 4/2000; ab 2000: Statistik Austria, Geburten, Sterbefälle

Mit dem Ende der Pestepidemien führten verschiedene Faktoren dazu, dass die großen Epidemien ausblieben. Einerseits spielte das bereits angesprochene Thema Viralität eine Rolle, aber auch eine immer besser werdende Ernährung und vermutlich auch Zufälle. Das Ende der Pest bedeutete allerdings nicht das Ende der Seuchen. Diese waren jedoch endemisch, also örtlich begrenzt, und breiteten sich nicht mehr über riesige Gebiete aus, wie das bei der Pest oft der Fall war.

Im Zeitraum zwischen den 1830er- und den 1870er-Jahren – also gut 100 Jahre nach der letzten Pestepidemie – sind die »Cholerajahrzehnte« (Weigl) in Wien. Ausbrüche der Cholera sind für die Jahre 1831, 1836, 1849, 1854/55, 1866 und 1873 dokumentiert. Insgesamt dürften zwischen 1831 und 1873 etwa 18 000 Menschen in Wien der Cholera zum Opfer gefallen sein.

Ebenfalls viele Opfer forderte der Typhus, etwa im Jahr 1809. Genauer liegen uns hier Erkrankungszahlen vor, nicht jedoch Sterbezahlen: Bis 1873 sind diese Zahlen mit über 1 000 pro Jahr relativ hoch, danach sinkt die Zahl der Typhusfälle deutlich ab. Die dritte, regelmäßig auftretende Krankheit waren die Pocken (auch Blattern) mit jeweils über 1 000 Todesfällen in den Jahren 1872, 1873 und 1876. Schließlich raffte die Diphtherie zwischen 1876 und 1880 über 3 600 Menschen in Wien dahin.

Auch die als »Wiener Krankheit« (*Morbus Viennensis*) bezeichnete Tuberkulose oder Schwindsucht hat immer wieder zu enormen Sterbezahlen geführt: 1867 gehen 26,5 Prozent – also über ein Viertel! – der Todesfälle in Wien auf das Konto der Tuberkulose.

Die Seuchen nahmen im letzten Viertel des 19. Jahrhunderts deutlich ab, und zwischen den beiden Weltkriegen bekam man sie weitgehend in den Griff. Die letzte große Epidemie war die Spanische Grippe, die zwischen 1918 und 1920 weltweit 25 bis 50 Millionen Todesopfer forderte, darunter auch den berühmten österreichischen Maler Egon Schiele und den deutschen Soziologen Max Weber. In Wien wütete der Abkömmling des Influenzavirus kurz vor Ende des Ersten Weltkriegs und dürfte hier etwa 6 500 Menschenleben gefordert haben, wobei es auch den begründeten Verdacht gibt, dass es eher doppelt so viele waren. Es wird davon ausgegangen, dass Grippetodesfälle fälschlich der Lungenentzündung zugeordnet wurden (Lungenentzündung 1917: circa 3 900 Fälle, 1918: 9 200, 1919: 3 900).

Nach dem Ende des Zweiten Weltkriegs dürfte es in Wien eine erhebliche Anzahl von Todesfällen aufgrund der Ruhr gegeben haben. Bekannt ist jedenfalls, dass es über 5 600 Erkrankungen an der Ruhr im Jahr 1945 gab (die Anzahl der Ruhr-Toten kennen wir leider nicht) und dass 7 016 Menschen durch Fliegerangriffe und Kampfhandlungen in Wien starben. Diese Mischung erklärt einen Teil des Ausschlags in den Sterbezahlen des Jahres 1945.

Städteassanierung
Die Lebenserwartung war in den Städten lange Zeit geringer als auf dem Land. In der Fachliteratur ist das Phänomen der höheren Sterblichkeit in Städten gut belegt. Dies lag einerseits an den hygienischen Bedingungen – die Straßen waren nicht gepflastert, Unrat wurde auf Straßen und in Flüssen entsorgt – und an der Dichte der Städte andererseits, die das Verbreiten von Erregern erheblich erleichterte. Was heute oft ein großer Vorteil ist – etwa beim Thema Ökologie –, war damals ein erheblicher Nachteil. In Wien hielt dieser Nachteil der Städte relativ lange an, und 1857 hatte die Stadt nach St. Petersburg die zweithöchste Sterblichkeitsrate europäischer Großstädte. Schon damals war der Tod demnach ein Wiener.

Im letzten Viertel des 19. Jahrhunderts ging die Sterblichkeit in Wien dann deutlich zurück. Ursächlich hierfür war eine erhebliche Abnahme der Erkrankungen der Verdauungsorgane (also etwa Cholera und Typhus) und der Atmungsorgane (Lungentuberkulose). Auch wenn es gleichzeitig zu einem Anstieg der Todesfälle durch Infektionserkrankungen (etwa Scharlach und Masern) bei Kindern kam, änderte dies nichts am deutlichen Rückgang der Sterblichkeit insgesamt.

Cholera und Typhus wurden auch durch verunreinigtes Trinkwasser übertragen, weshalb nach der Fertigstellung der ersten Wiener Hochquellenleitung im Jahr 1873 die Anzahl der Todesfälle durch diese Epidemien rasant abnahm. Die Hochquellenleitung und damit die hygienische Wasserversorgung sind ein wesentlicher Beitrag der Stadt zur Reduzierung der Sterblichkeit gewesen, ebenso die generelle Städteassanierung wie die Befestigung der Straßen und die steigenden hygienischen Standards. Kaiser Josef II. ließ zudem die innerstädtischen Friedhöfe (mit einer Ausnahme) 1784 schließen. Damit wurde systematisch gegen hygienische Missstände und die Übertragungswege von Krankheiten vorgegangen – mit großem Erfolg.

Etwa zeitgleich setzen die Erkenntnisse der Bakteriologie ein. Erste Versuche zur Impfung gegen Pocken hat es wohl bereits im 2. Jahrhundert vor unserer Zeitrechnung in China oder Indien gegeben. Die Immunisierung durch Kuhpocken (deren Verlauf beim Menschen deutlich weniger dramatisch ist als der bei regulären Pocken) ist spätestens 1796 durch Edward Jenner beschrieben worden. In Wien wurde die erste Pockenimpfung 1799 durch Jean de Carro vorgenommen – überhaupt die erste Impfung auf dem europäischen Kontinent. Doch erst im späten 19. Jahrhundert, im Fall der Tuberkulose erst nach dem Ersten Weltkrieg, konnten wirkliche Erfolge bei der Bekämpfung der Seuchen auf dem Weg der Impfungen erreicht werden. Jedenfalls wurde 1873 durch Gerhard Armauer Hansen der Erreger der Lepra entdeckt, 1876 entdeckte Robert Koch den Erreger des Milzbrandes, 1882 den wichtigsten Erreger der Tuberkulose und ein Jahr später den Erreger der Cholera. Gegen Ende des 19. Jahrhunderts waren dann schon zahlreiche Impfungen möglich (ab 1885 gegen Tollwut, ab 1896 gegen Typhus und Cholera, ab 1897 gegen die Pest). Der Impfstoff gegen Tuberkulose wurde erst 1927 eingeführt – und wird heute wegen des unsicheren Erfolges nicht mehr empfohlen.

Die Fortschritte in Hygiene, Medizin und Technologie haben die Lebensbedingungen also binnen wenigen Jahren massiv verbessert, und sie sind ein wesentlicher Grund für die steigende Lebenserwartung und die massiv sinkende Säuglingssterblichkeit dieser Zeit.

When I get older ...

Heute spielen Pest, Cholera, Typhus und Blattern keine Rolle mehr bei den Todesursachen in Wien. Die Lebenserwartung ist in Wien massiv gestiegen: Die durchschnittliche Lebenserwartung eines männlichen Neugeborenen betrug um 1650 rund 13 bis 18 Jahre, sie stieg zur Jahrhundertwende um 1900 auf 36,7

Jahre, fiel im Zuge des Ersten Weltkriegs wieder und stieg seitdem kontinuierlich an: auf 62,0 Jahre im Jahr 1951 und auf heute 78,4 Jahre.

Bei den weiblichen Neugeborenen lief die Entwicklung parallel auf einem etwas höheren Niveau: Die Lebenserwartung betrug um 1650 etwa 17 bis 22 Jahre, um 1900 bereits 41,6 Jahre, nach dem kriegsbedingten Rückgang stieg sie bis 1951 dann auf 67,8 Jahre und beträgt heute 82,9 Jahre.

Durchschnittliche Lebenserwartung in Wien ab 1867–2017

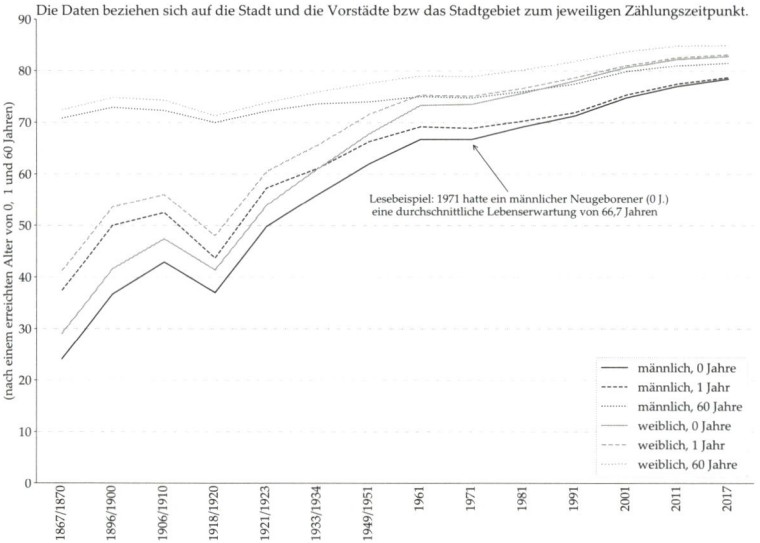

Quellen: Weigl, Historische Daten: Demographischer Wandel und Modernisierung in Wien, S. 165; ab 1961 Statistik Austria, Demographische Indikatoren.

Woran wir heute sterben

Auf die Sterbezahlen hat die Lebenserwartung bekanntlich keine Auswirkung. Kurzfristig hält sie durch Verzögerung die Zahl der Todesfälle etwas niedriger, aber sterben müssen wir dennoch auch heute noch alle. Im Jahr 2017 starben in Wien 16 424 Menschen, 39,5 Prozent hiervon an Krankheiten des

Kreislaufsystems, 25,7 Prozent an bösartigen, gutartigen und anderen Neubildungen und 6,4 Prozent an Krankheiten des Atmungssystems.

Manche Seuchen von damals gibt es auch heute noch in Wien: An Scharlach erkrankten 2017 in Wien 2 Personen, an der Ruhr 15, an Typhus 3. Damit spielen diese bakteriellen Erkrankungen kaum eine Rolle, waren 2017 doch allein 1 968 Personen von einer bakteriellen Lebensmittelvergiftung betroffen. Bei viralen Erkrankungen wurden 9 Masern- und 24 Röteln-Fälle gemeldet – aber 1 177 Hepatitis-Erkrankungen. Übrigens: Auch die Pest gibt es heute noch. Zwischen 1978 und 1992 meldete die Weltgesundheitsorganisation (WHO) 1 451 Todesfälle, die in 21 Ländern auftraten. Anders sieht es etwa mit den Pocken aus: Diese gelten seit 1980 als ausgerottet.

Zentralfriedhof
Egal woran heute gestorben wird – die meisten Menschen sterben in einem Krankenhaus. Nur 16,5 Prozent der Todesfälle in Wien finden in den eigenen vier Wänden statt. Und dann geht es vermutlich auf einen der 46 kommunalen Friedhöfe der Stadt. Diese Friedhöfe befinden sich alle außerhalb des Gürtels – mit Ausnahme des jüdischen Friedhofs am Alsergrund. Kaiser Joseph II. ordnete Ende des 18. Jahrhunderts unter anderem aus hygienischen Gründen – wir hatten das Thema bereits – an, alle Friedhöfe innerhalb des Linienwalles zu schließen.

542 Hektar Friedhofsfläche gibt es in Wien, diese bedecken rund 1,3 Prozent der Stadtfläche, was in etwa der Bezirksfläche der Brigittenau entspricht. Der Zentralfriedhof ist dabei der größte Wiener Friedhof, er wurde 1874 eröffnet. Er umfasst heute rund 330 000 Grabstellen mit rund 3 Millionen Verstorbenen. Mit 2,5 Quadratkilometern Fläche ist der Zentralfriedhof nach Hamburg-Ohlsdorf die zweitgrößte Friedhofsanlage Europas.

Die Stadtverwaltung im 19. Jahrhundert sah in der peripheren Lage des neuen Friedhofs übrigens eine zentrale Herausforderung in Bezug auf den Transport der Leichen. Daher wurde eine Leichenrohrpost angedacht, allerdings nie verwirklicht. Die geplante Geschwindigkeit des pneumatischen Systems: 27 km/h. Das wäre heute vermutlich eine makabre Attraktion.

Nun wissen wir von Franz Schuh, dass es ein eigenes Bestattungsmuseum gibt. Aber nicht nur das: Auch die Möglichkeit, »Friedhofshonig« zu erwerben, besteht. Lassen Sie es sich schmecken!

STATISTIKEN (ER)ZÄHLEN – SCHLUSSBEMERKUNGEN

Statistische Daten sind ein wunderbares Instrument zur Abbildung von Lebensrealitäten. Ziel dieses Buches war es, die Geschichten zu den Daten lebendig zu machen und dabei unterhaltsam zu sein. Ob das gelungen ist, müssen Sie beurteilen. Eines ist mir aber sehr wichtig: Die statistischen Daten sind eine wesentliche Grundlage für unseren demokratischen Diskurs. Sie müssen eine hohe Qualität haben und außer Streit stehen, weshalb eine entsprechend gute Ausstattung der Statistischen Ämter geboten ist. Über die Ableitungen – auch die meinigen in diesem Buch – können wir uns dann auseinandersetzen.

Ich hoffe jedenfalls, dass Sie Statistiken nicht (mehr) fad finden, dass Sie das ein oder andere Interessante aus diesem Buch mitnehmen konnten und vor allem, dass Sie Spaß beim Lesen hatten.

Merci!
Dieses Buch gäbe es nicht ohne den Science Buster und Physiker Werner Gruber. Er hatte die Idee zu diesem Buch und hat mir (ohne mich zu fragen natürlich) die ganze Arbeit eingebrockt, indem er Bettina Stimeder vom Ecowin-Verlag Idee und meinen Namen nannte. Frau Stimeder ist die Zweite, ohne die es dieses Buch nicht gäbe. Für dieses Vertrauen darf ich mich bedanken – und für das wochenlange gemeinsame Suchen eines Buchtitels.

Ein großes Danke geht an Ramon Bauer, Johannes Chalupa, Elisa Huber, Alexander Recht, Jana Schultheiß und Franz Trautinger, die ihre Freizeit geopfert und zahlreiche Vorschläge für dieses Buch gemacht haben. Schließlich gäbe es in diesem Buch keine Grafiken, wenn nicht Markus Lauber seine Programmierfähigkeiten eingesetzt hätte – auch dafür ein großes Dankeschön. Für das umsichtige Lektorat geht ein herzlicher Dank an Anna-Magdalena Samardzic.

ANMERKUNGEN

1 In Deutschland gibt es keine Vornamensstatistik. Nach einer Auswertung von Knud Bielefeld aus unterschiedlichen Quellen war Ursula in den Jahren 1890–2003 der beliebteste Vorname bei Frauen, bei Männern war es Peter. Bei den Neugeborenen sind die Daten verlässlicher.

2 Nordrhein-Westfalen ist das bevölkerungsreichste deutsche Bundesland (gefolgt von Bayern und Baden-Württemberg), 21,7 Prozent der Frauen und 21,5 Prozent der Männer leben hier (am 31.12.2018). Bei den Wirtschaftsabschnitten der sozialversicherungspflichtig Beschäftigten arbeiteten 2018 gut 24,3 Prozent der Frauen im Gesundheits- und Sozialwesen, 15,1 Prozent im Handel, in der Instandhaltung und in der Reparatur von Kraftfahrzeugen und 11,6 Prozent im verarbeitenden Gewerbe. Bei den Männern arbeiteten 29,2 Prozent im verarbeitenden Gewerbe, 12,2 Prozent im Handel, in der Instandhaltung und in der Reparatur von Kraftfahrzeugen sowie 9,1 Prozent im Baugewerbe.

3 Dies gilt nur für zwischen 1984 und 2017 geborene Julias und Michaels – ältere Daten liegen nicht vor.

4 Wien ist das bevölkerungsreichste österreichische Bundesland, gefolgt von Nieder- und Oberösterreich. 21,6 Prozent der Frauen und 21,2 Prozent der Männer wohnen in Wien. Im Jahr 2018 arbeiteten 20,0 Prozent der Frauen im Wirtschaftsabschnitt öffentliche Verwaltung, Verteidigung und Sozialversicherung, 17,2 Prozent im Handel, in der Instandhaltung und in der Reparatur von Kraftfahrzeugen sowie 11,8 Prozent im Gesundheits- und Sozialwesen. Bei den Männern ist die Reihenfolge wie folgt: 23,2 Prozent in der Herstellung von Waren, 12,5 Prozent im Handel, in der Instandhaltung und in der Reparatur von Kraftfahrzeugen sowie je 11,5 Prozent in der öffentlichen Verwaltung, Verteidigung und Sozialversicherung beziehungsweise im Bauwesen.

5 Obwohl – viermal wurde Deutschland Weltmeister, und zwar 1954, 1974, 1990 und 2014. Dividiert durch zehn ergibt 0,4, was sich zu 0 abrundet.

6 Die für dieses Kapitel notwendigen detaillierten Wanderungsdaten für Österreich liegen erst ab dem Jahr 1996 vor.

7 Die Gesamtfertilitätsrate (oder Periodenfertilitätsrate) sagt aus, wie viele Kinder pro Frau in einem Zeitraum (von zumeist einem Jahr) durchschnittlich geboren werden. Das Messkonzept beruht auf altersspezifischen Fertilitätsraten von Frauen im Alter von 15 bis 49 Jahren und darauf, dass die altersspezifischen Raten für alle Frauen dieser Altersgruppe unverändert bleiben, bis diese 50 Jahre oder älter sind. Veränderungen gibt es natürlich, so steigt das durchschnittliche Geburtsalter der Mütter von Jahr zu Jahr an, wodurch auch die Fertilitätsrate verzerrt wird. Bei steigendem Geburtsalter der Mütter unterschätzt die Fertilitätsrate die Anzahl der Geburten, die Frauen im höheren Alter haben. Eine endgültige Aussage über die Fertilität einer Geburtskohorte von Frauen lässt sich erst nach der reproduktiven Periode von Frauen feststellen, also im Alter von 50 oder mehr Jahren (Kohortenfertilitätsrate). So lange möchte man jedoch nicht warten und berechnet daher die Gesamtfertilitätsrate.

8 Rechnerisch reichen für die Reproduktion zwei Kinder je Frau. Allerdings muss auch heute noch eine (geringe) Säuglings- und Kindersterblichkeit kompensiert werden, und es müssen Todesfälle von Frauen, die vor Ende der reproduktiven Phase sterben, berücksichtigt werden.

9 Die Volkszählungen werden in Deutschland und Österreich seit 2011 als Registerzählung durchgeführt. Die Informationen werden also nicht mehr durch die Befragung der Bevölkerung, sondern aus bestehenden Registern (etwa: Melderegister, Daten der Sozialversicherung) gewonnen.

10 Der Kaufkraftstandard ist eine Art fiktive Geldeinheit, mit der die unterschiedlichen Preisniveaus rechnerisch ausgeglichen werden sollen.

11 Lassen Sie sich nicht von der publizierten höheren »nationalen« Arbeitslosenquote irritieren, diese folgt anderen international nicht vergleichbaren Konzepten – dazu beim Städtevergleich mehr.

12 Die Prognose geht für 2019 von einem Schuldenstand für Österreich von 69,7 Prozent des BIP aus, was nur mehr einen Prozentpunkt über dem Vorkrisenwert des Jahres 2008 liegt.

13 Noch präziser kann man drei Schritte unterscheiden: 1) Durch den Kredit steigen Geldvermögen und Schulden. Das Eigenkapital (= Reinvermögen) bleibt gleich in Form einer Bilanzverlängerung. 2) Das Geldvermögen wird durch Kauf der Immobilie in Sachvermögen transformiert. Das Eigenkapital bleibt gleich in Form eines Aktivtausches. 3) Bei der Tilgung wird die Bilanz verkürzt durch Minderung von Geldvermögen und Schulden. Das Eigenkapital bleibt gleich in Form einer Bilanzverkürzung. Allerdings reduzieren die Zinszahlungen das Eigenkapital, umgekehrt können aber mit Sachvermögen Erträge erzielt werden, die das Eigenkapital erhöhen.

14 Wenn jede Wohnung für 31.800 Euro verkauft würde, wären die 7 Milliarden Euro bereits eingenommen.

15 Administrative Grenzen sind die politisch festgelegten Stadtgrenzen. Organe der Stadt sind für die innerhalb dieser Grenzen liegenden Gebiete verantwortlich, wer hier wohnt, wählt die entsprechende Versammlung etc. Der Arbeitsmarkt etwa wirkt aber über administrative Grenzen hinaus, es sind Metropolregionen entstanden etc.

16 Im Folgenden spielt das keine Rolle, es sei dennoch darauf hingewiesen, dass man Brüssel hier als Ausnahme sehen kann. Die eigentliche Stadt ist die Verwaltungsregion Brüssel-Hauptstadt (1,2 Millionen), die Ville de Bruxelles spielt die Rolle eines Bezirkes.

17 Birmingham liegt vor Köln, ist wegen des geplanten Brexits aber wie London nicht berücksichtigt worden.

18 Unter Städteassanierung ist die Herstellung gesunder Wohn- und Bodenverhältnisse zu verstehen.

19 Ausnahmen hiervon gab es seit 1996 sehr selten und immer auf einzelne Bundesländer begrenzt: 2003 und 2006 wurden im Burgenland mehr Mädchen geboren, 2012 in Salzburg und 1997 und 2007 in Vorarlberg.

20 Genauer: touristische Ankünfte. Wer mehrmals im Jahr in Sölden Urlaub macht, wird auch mehrfach gezählt.

21 ISCED-Stufen 5–8.

22 Warum diese Zahl nicht dieselbe ist wie beim internationalen Vergleich, wird im Kapitel über Berlin, Wien, Hamburg, München und Köln erklärt.

23 Wolf Lotter: *Innovation. Streitschrift für barrierefreies Denken.* Hamburg 2018, S. 43.

24 Das wichtigste Treibhausgas ist Kohlendioxid (CO_2). Daneben gibt es jedoch weitere Treibhausgase wie Methan, Lachgase oder fluorierte Treibhausgase. Zur besseren Darstellung werden diese Treibhausgase in eine gemeinsame Maßeinheit – die CO_2-Äquivalente – umgerechnet.

25 Grob gesprochen, ist das der Endenergieverbrauch zuzüglich der Energie, die zur Erzeugung der Endenergie eingesetzt werden muss.

26 Karl Kraus: *Pro domo et mundo.* Hamburg 2013, S. 116.

27 Der demografische Übergang ist eine modellhafte Beschreibung der Entwicklung der Demografie in zahlreichen Staaten mit sinkenden Sterbezahlen aufgrund steigender Lebenserwartung bei zunächst gleichbleibenden Geburtenzahlen, die in der Folge wegen eines sich ändernden generativen Verhaltens ebenfalls sinken, sodass sich Geburten und Sterbefälle auf einem niedrigeren Niveau wieder einpendeln. In Wien finden diese beiden Prozesse ohne große zeitliche Verzögerung statt, in Summe kommt es zeitweise dennoch zu einer deutlich positiven Geburtenbilanz, die einen Teil der rasanten Bevölkerungsentwicklung erklärt.

QUELLEN

Vorbemerkungen

BirdLife Österreich: Weißstorchzählung.
Auf: https://www.birdlife.at/page/monitoring (20.10.2019)
sowie Mailverkehr.

Diepgen, Raphael: »Bringt der Storch die Babys? Korrelation
und Kausalität im Unterricht«. In: *Stochastik in der Schule* 22
(1)/2002, S. 29–34.

Kroll, Luisa/ Dolan, Kerry A. (ed.): »Billionaires. The Richest
People in the World«. In: *Forbes,* 05.03.2019.
Auf: https://www.forbes.com/billionaires/ (30.05.2019).

Matthews, Robert: »Der Storch bringt die Babys zur Welt
(p = 0.008)«. In: *Stochastik in der Schule* 21 (2)/2001, S. 21–23.

NABU Deutschland: Weißstorchzählung.
Auf: https://www.birdlife.at/page/monitoring (20.10.2019)
sowie Mailverkehr.

Statistik Austria
- Bevölkerung am 01.01.2019 nach detaillierter Staatsangehö-
  rigkeit und Bundesland
- Bevölkerung zu Jahresbeginn 2002–2019 nach detaillierter
  Staatsbürgerschaft
- Lebend- und Totgeborene seit 1871

Statistisches Bundesamt
- Lebendgeborene: Deutschland, Jahre, Geschlecht

Was verbindet mehr als Córdoba?

Arbeitsmarktservice Österreich (AMS): Beschäftigung nach Wirtschaftsabschnitten und Geschlecht. Datenbank des Arbeitsmarktservices (23.02.2019).

BEIGEWUM: *Mythen des Sparens. Antizyklische Alternativen zur Schuldenbremse.* Hamburg 2013.

Bielefeld, Knud: *Die häufigsten Vornamen der Erwachsenen.* Auf: https://www.beliebte-vornamen.de/49519-erwachsene.htm (30.05.2019).

Bielefeld, Knud: *Die beliebtesten Vornamen des Jahres 2018.* Auf: https://www.beliebte-vornamen.de/jahrgang/j2018 (30.05.2019).

Blank, Florian/Türk, Erik: *Armutsfestigkeit von Pensionssystemen – Deutschland und Österreich im Vergleich,* 24.10.2017. Auf: AuW-Blog https://awblog.at/armutsfestigkeit-von-pensionssystemen-deutschland-und-oesterreich-im-vergleich/ (06.07.2019).

Chalupa, Johannes/Mai, Christoph-Martin: »Entwicklungen am Arbeitsmarkt in Österreich und Deutschland – zwischen Jobwunder und Produktivitätsparadoxon«. In: Statistisches Bundesamt (Hrsg.): *Wirtschaft und Statistik* 6/2018, S. 48–60.

Eicker-Wolf, Kai/Himpele, Klemens: »Die Schuldenbremse als politisches Projekt«. In: *PROKLA*, Heft 163, 41. Jg. 2011, Nr. 2, S. 195–212.

192

Eurostat
- Arbeitslosendaten nach Geschlecht und Alter – Jahresdurchschnitte
- Arbeitsproduktivität je Beschäftigtem und geleistete Arbeitsstunde (EU-28 = 100)
- Defizit/Überschuss, Schuldenstand des Staates und damit zusammenhängende Daten
- Ergebnisse der Meinungsbefragung (zu *urban perception*)
- Gender pay gap statistics. The unadjusted gender pay gap, 2017 (difference between average gross hourly earnings of male and female employees as % of male gross earnings)
- Gesamtausgaben des Staates
- Hauptaggregate des BIP pro Kopf
- Schlüsselindikatoren

Graeber, David: *Schulden. Die ersten 5.000 Jahre.* Stuttgart 2012.

Himpele, Klemens: »Zur Debatte um die Ausweitung der Arbeitszeit«. In: *Wien1x1-Blog*, 05.07.2018. Auf: https://wien1x1.at/site/zur-debatte-um-die-ausweitung-der-arbeitszeit/ (15.04.2019).

Himpele, Klemens: »Deutschland: neue Kritik an Schuldenbremse«. In: *AuW-Blog*, 20.05.2019. Auf: https://awblog.at/deutschland-kritik-schuldenbremse/ (30.05.2019).

Huemer, Ulrike: »Doppik oder Kameralistik? Die Fragen nach dem Rechnungsstil in der öffentlichen Verwaltung«. In: *Perspektiven* 7_8/2013, S. 25–27.

Kramer, Angelika: »Schrecken mit Ende«. In: *Trend* 20–21/2019, S. 32–33.

Kühn, Franka: »Die demografische Entwicklung in Deutschland, eine Einführung«. In: *Bundeszentrale für politische Bildung*, 29.08.2017.Auf: https://www.bpb.de/politik/innenpolitik/demografischer-wandel/196911/fertilitaet-mortalitaet-migration (23.02.2019).

Mazzucato, Mariana: *The Value of Everything: Making and Taking in the Global Economy.* New York 2018.

Mühlböck, Vanessa: »Täglich grüsst der Mythos der zu hohen Abgabenquote«. In: *AuW-Blog*, 12.05.2017. Auf: https://awblog.at/taeglich-gruesst-der-mythos-der-zu-hohen-abgabenquote/ (19.04.2019).

Picek, Oliver/Pohl, Alina: »Ende der ›Aktion 20.000‹ trifft Wien besonders hart«. In: *Wien1x1-Blog*, 04.09.2018. Auf: https://wien1x1.at/site/ende-aktion-20000-trifft-wien-hart/ (15.04.2019).

Statistik Austria
• Ankünfte und Übernachtungen nach Herkunftsländern im Kalenderjahr 2018 – endgültige Ergebnisse
• Außenwanderung nach Staatsangehörigkeit 1996–2012
• Beliebteste Babynamen 1984–2017 in Österreich – Original-Schreibweise ohne Sonderzeichen
• Berichtssemester und Studientyp nach Studierende insgesamt und Herkunftsstaat territorial
• Bevölkerung am 01.01.2019 nach Alter und Bundesland – Insgesamt, Männer, Frauen
• Bevölkerung am 01.01.2019 nach detaillierter Staatsangehörigkeit und Bundesland
• Bevölkerung am 01.01.2019 nach detaillierter Staatsangehörigkeit und Geschlecht bzw. Altersgruppen

- Bevölkerungsveränderung seit 1981 nach Staatsangehörigkeit
- Durchschnittliche Zeitverwendung pro Tag (Montag–Sonntag) aller Personen ab 10 Jahren nach ausgewählter Haupttätigkeit
- Eheschließungen 2017 nach Staatsangehörigkeit des Mannes / der Frau
- Fertilitätsrate Österreich. Zeitreihe und Prognose
- Gestorbene und Säuglingssterblichkeit seit 1946
- ITGS-Atlas – Atlas zum Außenhandel
- Lebend- und Totgeborene seit 1871
- Lebenserwartung in Gesundheit im Überblick (subjektiver Gesundheitszustand)
- Regionaler Außenhandel 2018: Wichtigste Handelspartner je Bundesland 2018 (vorläufige Ergebnisse)
- Volkswirtschaftliche Gesamtrechnungen, Hauptgrößen
- Wanderungen 2002–2017 nach Bundesländern
- Wanderungen mit dem Ausland (Außenwanderungen) 2009–2018 nach Staatsangehörigkeit

Statistisches Bundesamt Deutschland
- Ankünfte, Übernachtungen und durchschnittliche Aufenthaltsdauer in Beherbergungsbetrieben: Deutschland, Jahre, ausgewählte Herkunftsländer der Gäste
- Bevölkerung nach der Staatsangehörigkeit und dem Geschlecht
- Bevölkerung: Bundesländer, Stichtag, Geschlecht
- Bevölkerung: Deutschland, Stichtag, Altersjahre, Nationalität, Geschlecht / Familienstand
- Durchschnittliche Zeitverwendung von Personen ab 10 Jahren nach Geschlecht
- Durchschnittsalter nach Geschlecht und Staatsangehörigkeit
- Eheschließungen nach der Staatsangehörigkeit der Ehepartner
- Sozialversicherungspflichtig Beschäftigte am Arbeitsort: Deutschland, Stichtag, Geschlecht, Wirtschaftsabschnitte

- Sterbefälle und Lebenserwartung
- Zusammengefasste Geburtenziffern (je Frau): Deutschland, Jahre, Altersgruppen
- VGR des Bundes – Bruttowertschöpfung, Bruttoinlandsprodukt (nominal/preisbereinigt): Deutschland, Jahre

Stiglitz, Joseph E./Sen, Amartya/Fitoussi, Jean-Paul: *Report by the Commission on the Measurement of Economic Performance and Social Progress.* o. O 2009.

Südekum, Jens: »Wo und wie Deutschland seine Infrastruktur ruiniert hat.« In: *Makronom,* 12.08.2019. Auf: https://makronom. de/kommunalfinanzen-schuldenbremse-wo-und-wie-deutschland-seine-infrastruktur-ruiniert-hat-32460 (15.08.2019).

Wieser, Peter/Himpele, Klemens: »Verschuldung öffentlicher Haushalte – ein ökonomischer Beitrag zur Debatte«. In: *Perspektiven 7_8/2013,* S. 23–24.

Wikipedia: Sämtliche Informationen zu den Olympischen Spielen und den Medaillengewinnern.

Berlin, Wien, Hamburg, München, Köln – die Millionenstädte im deutschen Sprachraum

Bertelsmann Stiftung (Hrsg.): *ElternZOOM 2018. Schwerpunkt: Elternbeteiligung an der KiTa-Finanzierung.* Gütersloh 2018.

Bundesagentur für Arbeit: Arbeitslosenquoten: Deutschland und Regionen. Monats-/Jahreszahlen 2018.

Eurostat
- Arbeitnehmer mit befristetem Arbeitsvertrag in Prozent der Gesamtzahl der Arbeitnehmer
- Arbeitslosenquoten nach Geschlecht, Alter und NUTS-2-Regionen (%)
- Arbeitslosigkeit nach Geschlecht, Alter und NUTS-2-Regionen (1 000)
- Beschäftigung nach Geschlecht, Alter und NUTS-2-Regionen (1 000)
- Bevölkerung im Alter von 15 Jahren und mehr nach Geschlecht, Alter und NUTS-2-Regionen (1 000)
- Bevölkerung im Alter von 25–64 nach Bildungsabschluss, Geschlecht und NUTS-2-Regionen (%)
- Bruttoinlandsprodukt (BIP) zu laufenden Marktpreisen nach NUTS-3-Regionen
- Ergebnisse der Meinungsbefragung (zu *urban perception*)
- FuE-Personal und Forscher insgesamt nach Leistungssektor, Geschlecht und NUTS-2-Regionen
- Niedriglohnempfänger als Prozentsatz der gesamten Angestellten (ohne Auszubildende) nach Geschlecht

Forschung + Beratung für Wohnen, Immobilien und Umwelt: *F+B-Wohn-Index: Preis- und Mietenentwicklung.* Auf: https://www.f-und-b.de/files/fb/content/Dokumente/News/F+B-Wohn-Index%20Tabellenteil%2004-2018.pdf (08.04.2019).

Herrmann, Wolfgang A. (Hrsg.): *Studienqualität gestalten – Neue Wege der Studienfinanzierung. Das Hochschulstudium als Lebensinvestition.* Kongress der Technischen Universität München. München 2003.

Hüther, Michael / Südekum, Jens / Voigtländer, Michael (Hrsg.): *Die Zukunft der Regionen in Deutschland zwischen Vielfalt und Gleichwertigkeit*. IW-Studien, Institut der deutschen Wirtschaft. Köln 2019.

Landeshauptstadt München (Hrsg.): *Schuldenbericht Landeshauptstadt München 2017*. München 2018.

Lasinger, Donia et al.: *Motive für die Ansiedlung von F&E-Einheiten in Wien. Ein Vergleich von ausgewählten Standorten mit Wien*. WWTF. Wien 2018.

Mayerhofer, Peter / Firgo, Matthias / Schönfelder, Stefan: *Vierter Bericht zur internationalen Wettbewerbsfähigkeit Wiens*. Österreichisches Institut für Wirtschaftsforschung. Wien 2015.

Mercer: *Quality of Living Ranking 2019*.
Auf: https://mobilityexchange.mercer.com/Insights/quality-of-living-rankings (30.05.2019).

Schiman, Stefan: *Labor Supply Shocks and the Beveridge Curve*. WIFO Working Paper. Wien 2018.

Stadt Wien – MA 23: *Wien in Zahlen. Forschung und Entwicklung 2018*. Wien 2018.

Stadt Wien – MA 23: *Wien in Zahlen. Wirtschaftsstandort 2018*. Wien 2018.

Statistik Austria
• Kinderbetreuungsquoten der 0- bis 2-jährigen und 3- bis 5-jährigen Kinder 1995–2018
• Studien an Fachhochschulen

- Studien an Pädagogischen Hochschulen
- Studierende an Privatuniversitäten
- Studierende an öffentlichen Universitäten nach Uni

Statistisches Bundesamt
- Kinder in Tageseinrichtungen: Bundesländer, Stichtag, Altersgruppen
- Studierende: Bundesländer, Semester, Nationalität, Geschlecht

The Economist Intelligence Unit: *The Global Liveability Index 2019. A free overview.* London / New York / Hongkong 2019.

Trautinger, Franz: »›Warum redet ihr immer von Mercer?‹ – Fragen und Antworten zur angeblichen ›Managerumfrage‹«. In: *Wien1x1-Blog,* 13.03.2019. Auf: https://wien1x1.at/site/warum-redet-ihr-immer-von-mercer/ (30.03.2019).

UBS Global Cities Ranking 2018. Auf: https://www.ubs.com/microsites/prices-earnings/en/intro/.

Wikipedia
- Ergebnis Mercer Ranking
- Liste der Millionenstädte

Eine Zugfahrt – oder: Demografie in a nutshell

Bauer, Ramon / Himpele, Klemens: »Auf dem Weg zurück zur Zwei-Millionen-Stadt – die Entwicklung der Wiener Bevölkerung. Teil 1: Eine Metropole entsteht (1850–1910)«. In: *Wien1x1-Blog,* 21.03.2019. Auf: https://wien1x1.at/site/bev-entwicklung-1/ (27.10.2019).

Bednar, Kurt: *Österreichische Auswanderung in die USA 1900–1930.* Dissertationsschrift an der Universität Wien. Wien 2012. Auf: http://othes.univie.ac.at/19694/1/2012-03-14_6900978.pdf (05.03.2019).

Göltz, Alexander/Hilbrandt, Gabriel/Lebhart, Gustav/Waltner, Edith: »Die Geschlechterverteilung in ausgewählten Lebensphasen«. In: Magistrat der Stadt Wien – MA 23: Wirtschaft, Arbeit und Statistik (Hrsg.): *Gendersensible Statistik. Lebensrealitäten sichtbar machen. Statistik Journal 2/2014.* Wien 2014, S. 52–84.

Himpele, Klemens: *Sex in Wien – aus statistischer Sicht.* Vortrag bei der »Langen Nacht des Sex« im WienMuseum, 20. Januar 2017.

Himpele, Klemens: »Sterben in Wien: die Todesfallstatistik seit 1707«. In: *Wien1x1-Blog,* 29.10.2018. Auf: https://wien1x1.at/site/sterben-in-wien/ (20.03.2019).

Kytir, Josef: *Szenarien der räumlichen Entwicklung. Zukunftsworkshop 3. »Bevölkerung«.* 18.04.2007. Auf: https://www.oerok.gv.at/fileadmin/Bilder/2.Reiter-Raum_u._Region/3.Themen_und_Forschungsbereiche/1.Szenarien_der_Raumentwicklung/Zukunftsworkshop_III/3_FB_Bevoelkerung.pdf (05.03.2019).

Mayr, Peter/Szigetvari, Andras: »1,1 Millionen in Österreich ohne Wahlrecht: Verträgt das die Demokratie?«. In: *Der Standard,* 07.07.2019.

Morton, Frederic: *Die Ewigkeitsgasse.* Wien 1996.

Schuh, Karin: »Warum wir heiraten: Heiratsprämie bis Krise«. In: *Die Presse,* 14.03.2015.

Stadt Wien – Statistisches Amt: *Statistische Jahrbücher*, diverse Jahrgänge. Wien.

Stadt Wien – MA 66: *Statistische Mitteilungen* 4/2000. Wien 2000.

Statistik Austria
- Begründungen eingetragener Partnerschaften 2017 nach Bundesländern und ausgewählten Merkmalen
- Bevölkerung seit 1869 nach Alter für Bundesländer
- Bevölkerung am 01.01.2019 nach Alter und Bundesland
- Bevölkerung am 01.01.2019 nach detaillierter Staatsangehörigkeit und Geschlecht bzw. Altersgruppen
- Bevölkerung zu Jahresbeginn 2002–2019 nach Gemeinden
- Bevölkerung zu Jahresbeginn 1981–2019 nach Staatsangehörigkeit, Geschlecht und breiten Altersgruppen
- Durchschnittliches Gebär- bzw. Fertilitätsalter der Mutter nach Lebendgeburtenfolge seit 1984
- Ehescheidungen und Gesamtscheidungsrate seit 1995 nach Bundesländern
- Eheschließungen, Gesamterstheiratsrate und mittleres Erstheiratsalter seit 1946
- Eheschließungen seit 1970 nach Staatsangehörigkeit
- Ehescheidungen seit 2005 nach Ereignismonaten und Bundesländern
- Eheschließungen 2017 nach Staatsangehörigkeit des Mannes/ der Frau
- Geborene und Geburten seit 1991 nach Mehrlingseigenschaft
- Gestorbene und Säuglingssterblichkeit seit 1946
- Lebendgeborene seit 1996 nach Geschlecht, Legitimität und Bundesland
- Lebend- und Totgeborene seit 1871
- Unfallgeschehen nach Bundesländern

- Wanderungen innerhalb Österreichs (Binnenwanderungen) zwischen Bundesländern und Umzüge innerhalb der Bundesländer seit 2017 nach Ereignismonat, Bundesland und Staatsangehörigkeit
- Wanderungen innerhalb Österreichs (Binnenwanderungen) zwischen und innerhalb der Bundesländer 1996–2018
- Wanderungen innerhalb Österreichs (Binnenwanderungen) 2018 nach Alter, Geschlecht, Staatsangehörigkeit und Distanz
- Wanderungen mit dem Ausland (Außenwanderungen) 2018 nach Alter, Geschlecht und Staatsangehörigkeit
- Wanderungen mit dem Ausland (Außenwanderungen) 2018 nach Staatsangehörigkeit und Bundesland
- Wanderungsmatrix und richtungsspezifische Wanderungssalden der Bundesländer 2018 nach Staatsangehörigkeit
- 2005–2017 fertiggestellte Wohnungen nach Gebäudeeigenschaften, Art der Bautätigkeit und Bundesländern

Weigl, Andreas: *Demographischer Wandel und Modernisierung in Wien.* Wien 2000.

Viel gerühmtes Österreich

Bauer, Ramon / Himpele, Klemens: »Auf dem Weg zurück zur Zwei-Millionen-Stadt – die Entwicklung der Wiener Bevölkerung. Teil 1: Eine Metropole entsteht (1850–1910)«. In: *Wien1x1-Blog*, 21.03.2019. Auf: https://wien1x1.at/site/bev-entwicklung-1/ (27.10.2019).

Eurostat
- Ausgaben des Staates nach Aufgabenbereichen (COFOG)
- Ausgaben für Forschung und Entwicklung, nach Leistungssektor % des BIP

- Beschäftigung im Kulturbereich nach Geschlecht
- Durchschnittliche Verbrauchsausgaben privater Haushalte für kulturelle Güter und Dienstleistungen nach COICOP Verwendungszweck

Goujon, Anne / Jurasszovich, Sandra / Potančoková, Michaela: *Demographie und Religion in Österreich. Szenarien 2016 bis 2046. Deutsche Zusammenfassung und englischer Gesamtbericht.* ÖIF-Forschungsbericht des Österreichischen Integrationsfonds. Wien 2017.

Hamann, Georg: *50 x Wien, wo es Geschichte schrieb. Unbekanntes, Unerwartetes, Unglaubliches.* Wien 2016.

Hauptverband der Österreichischen Sozialversicherungen – Jahresberichte.

Himpele, Klemens: »Sterben in Wien: die Todesfallstatistik seit 1707«. In: *Wien1x1-Blog,* 29.10.2018. Auf: https://wien1x1.at/site/sterben-in-wien/ (20.03.2019).

Konzett, Eva: »Zwischen Speck und Platte«. In: *Falter* 22/19, S. 51–53.

o. A.: »Einzige Millionenstadt mit Weinbau«. In: *Der Standard,* 07.11.2010. Auf: https://www.derstandard.at/story/1288659542604/einzige-millionenstadt-mit-weinbau (07.07.2019).

OECD: *Hours worked (Statistik).* Auf: https://data.oecd.org/emp/hours-worked.htm (31.05.2019).

Rathkolb, Oliver: *Die paradoxe Republik. Österreich 1945–2005.* Wien 2005.

Statistik Austria
- Bevölkerung am 01.01.2019 nach Staatsangehörigkeit bzw. Geburtsland und Gemeinden
- Bevölkerung nach dem Religionsbekenntnis und Bundesländern 1951–2001
- Bevölkerung zu Jahresbeginn 2002–2019 nach Gemeinden
- Bruttoinlandsprodukt nach Wirtschaftssektoren, laufende Preise
- Feldfrucht- und Dauerwiesenproduktion 2018 nach Bundesländern
- Fertilität und Reproduktion seit 1993 nach Wohnbundesland der Mutter
- Geborene. Berichtsjahr und Bundesland nach Geborene, Lebend-/Totgeburt und Geburtsgewicht in Gruppen
- Geborene. Bundesland nach Berichtsjahr nach Geborene, Lebend-/Totgeburt und Legitimität
- Geborene und Geburten 2017 nach Geschlecht, Mehrlingseigenschaft, Lebensfähigkeit und Wohnbundesland der Mutter
- Gemüseernte 2018: Endgültige Ergebnisse
- Kinobesuche nach Bundesländern 1975–2017
- Kinosäle nach Bundesländern 1975–2017
- Land- und forstwirtschaftliche Arbeitskräfte in Österreich 1951–2016
- Lebendgeborene seit 2006 nach Ereignismonaten und Bundesländern
- Lebendgeborene (mit inländischem Geburtsort) 2017 nach Geburtsgewicht und weiteren Merkmalen
- Nächtigungsstatistik ab 1974
- Obsternte 2018 nach Bundesländern
- Weinernte 2018 nach Weinbaugebieten

Wikipedia
* Bevölkerung der Landeshauptstädte
* Bevölkerung der Länder der EU
* Fläche, Ausdehnung, Gewässeranteil, höchste und tiefste Punkte der Bundesländer
* Fläche der Gemeinden
* Informationen zu Rhein, Donau und Mur
* Körpergröße nach Land

WKO Statistik: *Forschungsausgaben. Ausgaben für Forschung und experimentelle Entwicklung in % des BIP.* Auf: http://wko.at/statistik/eu/europa-forschungsausgaben.pdf (31.05.2019).

Austronomics

Atkinson, Anthony B.: *Ungleichheit. Was wir dagegen tun können.* Stuttgart 2016.

Arbeitsmarktservice (AMS)
* Arbeitslosigkeit, Beschäftigung und Arbeitslosenquoten nach Bundesländern
* Unselbstständig Beschäftigte (zehn Jahre)

Himpele, Klemens: *Geht uns die Arbeit aus? – Die Folgen der Digitalisierung der Wirtschaft und mögliche Antworten darauf.* Auf: https://digitalcity.wien/geht-uns-die-arbeit-aus-die-folgen-der-digitalisierung-der-wirtschaft-und-moegliche-antworten-darauf/ (26.05.2019).

Himpele, Klemens: »Zur Debatte um die Ausweitung der Arbeitszeit«. In: *Wien1x1-Blog*, 05.07.2018. Auf: https://wien1x1.at/site/zur-debatte-um-die-ausweitung-der-arbeitszeit/ (12.05.2019).

Eichmann, Hubert/Nocker, Matthias: *Die Zukunft der Beschäftigung in Wien – Trendanalyse auf Branchenebene*. Wien 2015.

Eurostat
• Ausgaben für Forschung und Entwicklung, nach Leistungssektor % des BIP
• Bildungsabschluss im Tertiärbereich nach Geschlecht, Altersgruppe der 30- bis 34-Jährigen
• Labour productivity per person employed and hour worked
• Leistungsbilanz – jährliche Daten

Feigl, Georg: »Aus der Krise lernen: ein magisches Vieleck wohlstandsorientierter Wirtschaftspolitik«. In: *AuW-Blog*, 05.07.2018. Auf: https://awblog.at/magisches-vieleck-wohlstandsorientierter-wirtschafspolitik/ (12.05.2019).

Keynes, John Maynard (1930): »Über die wirtschaftlichen Möglichkeiten für unsere Enkelkinder«. In: Norbert Reuter: *Wachstumseuphorie und Verteilungsrealität. Wirtschaftspolitische Leitbilder zwischen Gestern und Morgen. Mit Texten zum Thema von John Maynard Keynes und Wassily W. Leontief*. 2., vollständig überarbeitete und aktualisierte Auflage. Marburg 2007.

Lotter, Wolf: *Innovation. Streitschrift für barrierefreies Denken*. Hamburg 2018.

o. A.: »Die 100 besten Start-ups 2018«. In: *Trend*, Ausgabe 48/2018.

Recht, Alexander/Himpele, Klemens: »Die Zukunft der Arbeit«.
In: Bund demokratischer Wissenschaftlerinnen und Wissenschaftler (BdWi, Hrsg.): *Forum Wissenschaft* 4/2016.

Rosling, Hans: *Factfulness: Wie wir lernen, die Welt so zu sehen, wie sie wirklich ist.* Berlin 2018.

Stadt Wien – MA 23: *Wien in Zahlen. Forschung und Entwicklung 2018.* Wien 2018.

Stadt Wien – MA 23: *Wien in Zahlen. Wirtschaftsstandort 2018.* Wien 2018.

Statistik Austria
- Abgestimmte Erwerbsstatistik: Erwerbstätige 2017 nach Pendelziel (Bundesland) und Geschlecht
- Bevölkerung seit 1869 nach Alter für Bundesländer
- Bruttoregionalprodukt nach Bundesländern, real
- Bruttoinlandsprodukt nach Wirtschaftssektoren, laufende Preise
- Hauptergebnisse der Leistungs- und Strukturstatistik 2016 nach Gruppen (3-Stellern) der ÖNACE 2008 und nach Beschäftigtengrößenklassen
- Österreich: Zahlen. Daten. Fakten 14/15, Wien
- Statistik zur Unternehmensdemografie: Unternehmensneugründungen 2007–2017

Strassnig, Michael/Mayer, Katja/Stampfer, Michael/Zingerle, Simon: *Akteure, Instrumente und Themen für eine Digital Humanism Initiative in Wien.* Wien 2019.

WKÖ Statistik
- BIP und Wirtschaftswachstum (ab 1950)
- Inflationsentwicklung (ab 1950)
- Leistungsbilanzsalden. Überschuss/Defizit der Leistungsbilanz in % des BIP

Fridays for Future – in der Stadt und auf dem Land

Cerveny, Michael/Veigl, Andreas: *Klimaschutz und Energiewende. Ein Bundesländervergleich.* Herausgegeben von UIV – Urban Innovation Vienna. Wien 2018.

Renner, Georg u. a.: *Addendum-Projekt 007 – Platzverbrauch.* Auf: https://www.addendum.org/platzverbrauch/ (16.08.2019).

Roche, Charlotte: »Verlasst die Städte!«. In: *Süddeutsche Zeitung Magazin*, 09.05.2018. Auf: https://sz-magazin.sueddeutsche.de/charlotte-roche-jetzt-koennte-es-kurz-wehtun/verlasst-die-staedte-85686 (16.08.2019).

sReal Immobilien: Wohnumfrage *Wie wollen ÖsterreicherInnen wohnen?* Auf:: https://www.sreal.at/de/wohnumfrage (29.05.2019).

Statistik Austria
- Abgestimmte Erwerbsstatistik – Pendlerzeitreihe ab 2009
- Bevölkerung zu Jahresbeginn ab 1982
- Bevölkerung zu Jahresbeginn 2002–2019 nach Gemeinden
- Kraftfahrzeuge – Bestand. Kfz-Bestand 2018

Umweltbundesamt: Bundesländer Luftschadstoff-Inventur 1990–2016. Regionalisierung der nationalen Emissionsdaten auf Grundlage von EU-Berichtspflichten (Datenstand 2018), Wien.

Wiener Melange

Bauer, Ramon / Haydn, Gerlinde: »Von der Wohnungsnot im 19. Jahrhundert zum sozialen Wohnbau«. In: *Stadt Wien: Das rote Wien in Zahlen*. Wien 2019, S. 38–46.

Bauer, Ramon / Himpele, Klemens: »Auf dem Weg zurück zur Zwei-Millionen-Stadt – die Entwicklung der Wiener Bevölkerung. Teil 1: Eine Metropole entsteht (1850–1910)«. In: *Wien1x1-Blog*, 21.03.2019. Auf: https://wien1x1.at/site/bev-entwicklung-1/ (20.04.2019).

Bauer, Ramon / Himpele, Klemens: »Auf dem Weg zurück zur Zwei-Millionen-Stadt – die Entwicklung der Wiener Bevölkerung. Teil 2: Das Comeback einer demographisch gealterten Stadt (1910–2018)«. In: *Wien1x1-Blog*, 24.05.2019. Auf: https://wien1x1.at/site/bev-entwicklung-2/ (28.05.2019).

Bauer, Ramon / Seidl, Roman / Trautinger, Franz: »Wien, größte Stadt des Burgenlandes: Über ›Zuagraste‹ in der Hauptstadt«. In: *Wien1x1-Blog*, 10.11.2018. Auf: https://wien1x1.at/site/wien-zuagraste/ (27.10.2019).

Bundesministerium des Inneren: *Wiederholung des 2. Wahlganges – endgültiges Gesamtergebnis inklusive Verlautbarung der Bundeswahlbehörde*. Wien 2016.

Himpele, Klemens: »Sterben in Wien: die Todesfallstatistik seit 1707«. In: *Wien1x1-Blog,* 29.10.2018. Auf: https://wien1x1.at/site/sterben-in-wien/ (23.04.2019).

Jost, Daniel: »Das Leben im Roten Wien: Sozialpolitik, Bildung, Arbeit und Freizeit«. In: *Stadt Wien: Das rote Wien in Zahlen.* Wien 2019, S. 50–56.

Jost, Daniel/Trautinger, Franz: »Wien ist anders. Niederösterreich auch«. In: *Stadt Wien: Das rote Wien in Zahlen.* Wien 2019, S. 68–74.

Kos, Wolfgang: »›Alt-Wien‹ ist eine Denkfigur – Zur Einleitung«. In: Klaffenböck, Arnold (Hrsg.): *Sehnsucht nach Alt-Wien. Texte zur Stadt, die niemals war.* Wien 2005, S. 8–11.

Olegnik, Felix: *Historisch-Statistische Übersichten von Wien.* Wien 1956.

Olegnig Felix: *Historisch-Statistische Übersichten von Wien, III. Teil: Bau- und Wohnungswesen, Unterricht und Bildung, Kultuswesen, Rechtspflege und Verwaltung.* Wien 1958.

Pohl, Alina: »Vom Bettgeher zur Sharing Economy: der Wandel der Ökonomie des Teilens«. In: *Stadt Wien: Das rote Wien in Zahlen.* Wien 2019, S. 58–64.

Sator, Andreas: *Alles gut?! Unangenehme Fragen & optimistische Antworten für eine gerechtere Welt.* Wien 2019.

Seliger, Maren/Ucakar, Karl: *Wien. Politische Geschichte 1740–1936. Entwicklung und Bestimmungskräfte großstädtischer Politik, Teil 2: 1896–1934.* Wien/München 1985.

Stadler, Rudolf: *Die Wasserversorgung der Stadt Wien in ihrer Vergangenheit und Gegenwart: Denkschrift zur Eröffnung der Hochquellen-Wasserleitung im Jahre 1873*; nach amtlichen Daten bearbeitet. Wien 1873.

Stadt Wien – MA 23: *Das Rote Wien in Zahlen*, Textband. Wien 2019.

Stadt Wien – MA 23: *Statistisches Jahrbuch der Stadt Wien*, verschiedene Jahrgänge.

Stadt Wien: *Wiener Wohnbau: Jahresbericht 2018/2019*. Wien 2019.

Stadt Wien: *Der Weg des Wiener Wassers von den Alpen in die Stadt*. Auf: https://www.wien.gv.at/wienwasser/versorgung/weg/ (22.07.2019).

Stadt Wien – Wiener Wohnen (Hrsg.): *GEMEINDE baut. Wiener Wohnbau 1920–2020*. Wien 2014.

Weigl, Andreas: »Die Wiener Bevölkerungen in den letzten Jahrhunderten«. In: Stadt Wien – MA 66: *Statistische Mitteilungen* 4/2000.

Weigl, Andreas: »Demografischer Wandel im Roten Wien«. In: *Stadt Wien: Das rote Wien in Zahlen*. Wien 2019, S. 20–25.

Weigl, Andreas: *Demographischer Wandel und Modernisierung in Wien*. Wien 2000.

Wieser, Peter: »Sozialer Ausgleich und Investitionen: die Steuerpolitik des Roten Wien«. In: *Stadt Wien: Das rote Wien in Zahlen*. Wien 2019, S. 28–34.

A schene Leich

Bauer, Ramon / Himpele, Klemens: »Auf dem Weg zurück zur Zwei-Millionen-Stadt – die Entwicklung der Wiener Bevölkerung. Teil 1: Eine Metropole entsteht (1850–1910)«. In: *Wien1x1-Blog*, 21.03.2019. Auf: https://wien1x1.at/site/bev-entwicklung-1/ (20.04.2019).

Eurostat
• Lebenserwartung nach Alter und Geschlecht

Hamann, Georg: *50 x Wien, wo es Geschichte schrieb. Unbekanntes, Unerwartetes, Unglaubliches*. Wien 2016.

Harbich, Thomas / Himpele, Klemens: »Von der Wiege bis zur Bahre (Teil 2): Öffi-Boom, Gemeindebau und Leichenrohrpost«. In: *Wien1x1-Blog*, 06.03.2018. Auf: https://wien1x1.at/site/von-der-wiege-bis-zur-bahre-teil-2-oeffi-boom-gemeindebau-und-leichenrohrpost/ (13.07.2019).

Himpele, Klemens: »Sterben in Wien: die Todesfallstatistik seit 1707«. In: *Wien1x1-Blog*, 29.10.2018. Auf: https://wien1x1.at/site/sterben-in-wien/ (27.10.2019).

Olegnik, Felix: *Historisch-Statistischen Übersichten von Wien*. Wien 1956.

Schuh, Franz: »›A schöne Leich‹: Sterben auf Wienerisch«. In: *Die Zeit* Nr. 39/2015.

Stadt Wien – MA 15: Meldepflichtige Infektionskrankheiten – Erkrankungen in Wien seit 2005.

Stadt Wien – MA 23: Todesursachenstatistik für Wien, berechnet aus Daten der Statistik Austria.

Weigl, Andreas: *Demographischer Wandel und Modernisierung in Wien*. Wien 2000.

Wikipedia
- Geschichte der Pest
- Impfung
- Jean de Carro
- Mark Aurel
- Marx Augustin
- Schwarzer Tod

DIE GESCHICHTE DER MODERNEN WELT – NEU ERZÄHLT

Welche Auswirkungen haben sinkende Geburtenraten auf das Weltgeschehen? Wie beeinflusst eine höhere Lebenserwartung das globale Machtgefüge? Kurz: Wie verändern sich Bevölkerungen – und wie prägt der demografische Wandel unsere Welt? Diese Fragen stellt Paul Morland ins Zentrum seiner Betrachtung der letzten 200 Jahre und erzählt mit seinem Buch die Geschichte der modernen Welt aus einer gänzlich neuen Perspektive.

PAUL MORLAND
DIE MACHT DER DEMOGRAFIE
432 Seiten · 14,5 × 21 cm
Hardcover mit Schutzumschlag
ISBN: 978-3-7110-0238-9 · € 26,00

FRÜHER WAR ALLES BESSER? KEINESWEGS!

Gibt es immer mehr Armut auf der Welt? Geht es mit unserer Lebensqualität bergab? Ist die Demokratie auf dem Rückzug? Herrscht heute gar mehr Gewalt als früher? Mitnichten!, sagt Martin Schröder, Professor für Soziologie und viel befragter Experte zu Themen wie Lebensqualität und Zufriedenheit. Anhand von zahlreichen Studien, Grafiken und Beispielen führt er vor, dass es uns noch nie so gut ging wie heute – auch wenn Meinungsmacher uns immer wieder das Gegenteil einreden wollen. Ein ebenso lehrreicher wie unterhaltsamer Aufruf, optimistisch in die Zukunft zu blicken.

MARTIN SCHRÖDER
Warum es uns noch nie so gut ging und wir
trotzdem ständig von Krisen reden
228 Seiten · 14,5 × 21cm
Hardcover mit Schutzumschlag
ISBN: 978-3-7109-0058-7 · € 20,00